북한
핵담론
따라잡기

북한 핵담론 따라잡기

박일 지음

군축 비확산 전문가의 공개정보 20년 분석

좋은땅

들어가는 말

　필자가 이 글을 써야겠다고 본격적으로 마음을 먹은 것은 2014년 10월 약 2년 동안 외교부를 떠나 국제원자력기구(IAEA: International Atomic Energy Agency)[1]에 파견을 갔을 때였다. 필자는 IAEA에서 핵 비확산(nuclear nonproliferation)[2] 분석관으로 일했는데 가장 중요한 업무가 공개정보를 통한 북한 핵 문제 분석이었다. 공개정보 분석(open source information analysis)이란 말 그대로 누구든지 접근할 수 있는 정보, 다시 말해 각국 정부 당국의 발표, 뉴스, 인터넷 정보,

[1]　국제원자력기구(IAEA)는 오스트리아 비엔나에 본부를 둔 국제기구로서 원자력의 평화적 이용을 촉진하는 한편 원자력이 군사적 목적으로 전용되지 않도록 방지하는 임무를 수행하고 있다. IAEA는 핵물질, 장비, 시설이 핵무기나 기타 핵폭발 장치의 제조에 이용되지 않도록 사찰·검증 제도를 운영하고 있는데 이를 전문 용어로 IAEA 안전조치 체제(Safeguards system)라고 한다. 우리나라 원자력 시설도 IAEA 안전조치 체제의 적용을 받는다.

[2]　핵 비확산(nuclear non-proliferation)이란 핵무기를 가지려는 국가가 늘어나는 것을 막고(이를 수평적 확산 방지라고 한다), 현행 핵보유국들이 갖고 있는 핵무기를 감축하고 궁극적으로 철폐하는(이를 수직적 확산 방지라고 한다) 것과 관련된 일련의 국제 협약, 국제기구, 지역 협정, 수출 통제 체제를 말한다.

서적, 학술 논문 등을 활용하여 특정 주제에 관해 분석하고 정책적 함의를 찾아내는 기법이다.

직업이 외교관인 필자에게 공개정보 분석 기법은 다소 생소하였다. 왜냐하면 필자가 몸담고 있는 외교부에서는 대부분의 업무가 외교 활동을 통해 획득되는 대외 비공개 정보에 기초하여 이루어지기 때문이다. 물론 IAEA도 우리나라의 외교부와 같이 전 세계 핵, 원자력에 관한 많은 비밀정보를 다룬다. 그런데 IAEA는 보안정보뿐만 아니라 공개정보를 활용하여서도 의미 있는 정책 분석을 만들어 낸다. 그래서 필자에게는 IAEA의 공개정보 분석 기법이 흥미로웠고 그것에 자극을 받아 이 책 분량의 절반 이상을 IAEA 파견 기간 중에 작성하였다. IAEA 사무국으로서도 필자는 소중한 자산이었는데 왜냐하면 필자가 한국 사람인 관계로 한글로 된 북한과 한국의 자료를 다른 누구보다 쉽게 찾고 분석하여 그 의미를 해석할 수 있었기 때문이다.[3]

이처럼 이 책을 집필하기로 마음먹은 직접적인 계기는 필자의 IAEA 파견이었다. 그렇지만 보다 근본적인 동기가 있다. '동기'보다는 '목마름'이라고 표현하는 것이 더 적절할 듯싶다. 그 목마름이란 북한 정권이 추구해 온 핵 정책의 실체는 무엇인지 알고 싶은 목마름이고, 핵 문제 관련 북한의 허위 또는 과장 주장에 현혹되지 않으면서 사실에 최대한 근접하고 싶은 목마름이었다. 1997년 외교부 입부 이래

---

3 해당 국가 언어 원문 자체를 읽고 해석하는 것과 영어나 다른 언어로 번역된 것을 접하는 것은 의미 분석과 뉘앙스 파악에 있어서 때로는 큰 차이가 있다. 필자는 IAEA 파견 기간 중 북한 언론 보도 내용을 포함하여 북한과 관련된 한글 자료를 수시로 읽고 분석하였다.

군축원자력과 사무관, 군축비확산과장, 비확산원자력 국장 등 외교부 경력의 17년 이상을 군축 업무에 종사한 필자에게조차 북한의 핵담론은 늘 수수께끼와도 같았다.

필자는 이 목마름을 해소하기 위한 첫걸음이 북한 정권과 언론이 핵 문제에 관해 과거부터 최근까지 발표하고 주장했던 내용, 그리고 그것과 관련이 되는 기타 공개정보들을 차분하게 추적하고 기록하면서 그 의미를 분석하는 것이라고 판단하였다. 필자는 이러한 작업을 통해 북한 정권이 핵무기와 미사일프로그램을 추진해 나가는 데 있어서 내세우는 담론의 본질을 식별해 내고 싶었다.

북한의 핵담론을 설명하는 데에는 여러 이론적인 틀과 접근법이 있고 관련 선행 연구들도 무수히 많다. 그리고 그것들은 당연히 북한 핵 문제에 대한 우리의 이해를 높이고 정책 대응 방안을 모색하는 데 있어서 많은 기여를 하였다. 반면에 이론과 분석의 과다로 인하여 북한 핵 문제에 관한 우리의 머릿속이 너무 복잡해져 있을 수도 있다고 필자는 생각한다. 그래서 가끔은 이론과 분석보다는 해당 사안을 있는 그대로 차분히 따라가면서 읽고 정리해 보는 것이 필요하고 유용할 때가 있다. 영어 표현 "Let the facts speak for themselves."처럼 사실 그 자체가 우리에게 말해 주는 것이 확실히 있기 때문이다. 이것이 바로 필자가 하려는 것이다. 북한 핵담론의 조각조각들을 수집하여 맞추다 보면 윤곽이 드러나고 하나의 그림이 되어 의미가 생생해질 것이다.

필자는 처음부터 북한 핵 문제 해법에 관한 정책적 측면은 염두에

두지 않았다. 오해가 없도록 하기 위해 필자는 외교부의 일원이기는 하지만 이 책 내용은 그 어떠한 부분도 외교부의 입장과는 무관하고 전적으로 필자 개인의 연구적 관심에 의한 분석과 견해라는 점을 밝혀 둔다. 아울러 집필에 사용한 자료도 100% 공개정보이다. 특히 이 글의 목표가 북한이 사용하는 단어, 문구, 문장 그 자체를 있는 그대로 읽고, 정리하고, 분석·독해하여 그 함의와 시사점을 도출하는 것이기 때문에 북한의 관영매체 자료를 주요 출처로 사용하였다는 점도 아울러 밝혀 둔다. 필자의 주안점은 북한 정권이 핵 문제와 관련하여 표명했던 말들과 입장, 그리고 관련되는 국내 및 해외 공개정보들을 추적하고 재구성하여 그들이 지향하는 바가 무엇인지, 우리에게 주는 시사점은 무엇인지를 탐구해 보는 것이다.

이를 위해 필자는 2002년 하반기에 촉발된 2차 북핵 위기에서부터 2024년 현재까지 20년 이상 기간 동안의 북한의 핵 관련 언술 및 입장 추이와 핵 지위 공고화 시도를 공개정보(open source information), 특히 북한의 대외 발표를 토대로 정리하고 그 의미와 함의를 분석하였다. 물론 북한의 대외 발표에 주로 의거하여 북한의 핵 관련 의도와 목표를 평가하는 것에는 일정한 한계가 있다. 왜냐하면, 현재로서는 북한의 일방적인 발표의 진위 여부를 교차 확인할 수 있는 마땅한 수단이 없고, 또 북한의 발표 중에는 사실이 아닌 위협 수사(threat rhetorics), 또는 계산된 전략적인 기만(strategic deception)이 얼마든지 있을 수 있기 때문이다. 또한 북한의 핵담론이 진공 상태에서 나올 수는 없기 때문에 당시의 정치적 상황과 맥락을 고려하지 않은 채 핵

담론 그 자체만을 분석하는 접근법에도 한계가 있음을 잘 알고 있다. 그럼에도 불구하고, 북한 정권이 지금까지 대외에 표명하여 온 핵 관련 언술과 선언이 북한의 실제 핵프로그램과 밀접한 연동 속에서 이루어져 왔기 때문에 이러한 연구와 분석은 의미 있는 작업인 것이 틀림없다.

1997년부터 지금까지 27년간 외교부에 몸을 담으면서 필자는 외교관에게 요구되는 가장 기본이 되는 자질 중 하나는 '기록'이라는 확신을 갖게 되었다. 유머이기는 하지만 "적자생존, 즉 기록하는 자가 살아남는다."라는 문구만큼 외교관의 직업 정신을 잘 대변하는 표현은 없다고 생각한다. 외교관은 늘 기록한다. 자신이 파견된 국가에서 일어나는 주요 사건들을 외교전문(外交電文)에 담아 본국으로 보낸다. 일례로 필자가 현재 근무 중인 레바논의 남부 국경지역에서는 2023년 10월 7일부터 하마스의 이스라엘 침공의 여파로 헤즈볼라와 이스라엘군 사이의 교전이 거의 매일 벌어지고 있다. 주(駐)레바논 대한민국 대사관은 교전 첫날부터 외교부 본부, 국방부, 대통령실 등에 상황 보고를 하고 있다. 이순신 장군이 임진왜란 때 『난중일기』를 기록했던 것처럼, 종군 기자들이 전쟁의 현장을 보도하는 것처럼, 과거 사관(史官)들이 왕실에서 벌어지는 일들을 기록했던 것처럼, 외교관인 필자도 기록하는 것을 거의 숙명으로 받아들이고 있다. 필자가 지난 20년 이상의 북한의 핵담론을 기록하기로 마음먹은 것도 외교관으로서의 기록 집착이 발현된 것이라고 할 수 있다.

이 기록을 마무리하는 데에 거의 9년이나 걸렸다. 2014년 10월 국제원자력기구(IAEA)에 파견 나가서 이 작업을 시작할 때에만 하더라도 2년이면 끝낼 수 있을 것이라 생각했는데[4], 그 이후 에티오피아 대사관, 외교부 본부 근무 등 현업에 쫓겨서 한동안 진척을 시키지 못하였다. 또한 시간이 흐르는 사이 북한 정권이 핵미사일 관련하여 많은 도발을 하고 그에 대한 입장들을 쏟아냈기 때문에 관련 내용들을 반영하는 것도 필요했다. 막상 작업을 끝내고 결과물을 보니 너무나 부족한 부분들이 많다. 그렇지만 이 책이 북한 핵 문제를 다루는 외교부 후배들이나 청년 세대들에게 하나의 유용한 참고 자료라도 될 수 있다면 필자는 그것으로 만족한다.

이 책은 크게 다섯 부분으로 이루어져 있다. 제1부에서는 북한 핵 문제와 관련하여 지금까지 우리의 인식과 접근 방식에 부족한 점은 없었는지를 네 가지 측면에서 살펴보고, 김정은 정권에 들어 북한이 핵무장을 향해 질주하는 의도가 무엇인지 질문해 보면서, 핵 문제에 대하여 북한 정권이 갖고 있는 기본 인식과 입장을 북한이 표명한 주장에 근거하여 살펴보았다.

제2부에서는 북한의 2003년 1월 핵비확산조약(NPT) 탈퇴 선언부터 2005년 2월 핵무기 보유 선언, 2006년 1차 핵실험과 2009년 2차 핵실험을 통한 핵보유 시현, 그리고 농축프로그램의 은밀한 추진 등 북한이 핵무장의 길로 나서는 일련의 과정을 추적하였다.

---

4 IAEA 파견 기간 중 작업한 내용들은 2016년 8월 18일에 아산정책연구원의 최강 박사님과 박지영 박사님과 함께 아산정책연구원의 「북핵 진단과 대응」 제하의 보고서 내용의 일부로 소개한 바가 있는데 이 글은 그 내용을 수정·보완한 것이다.

제3부에서는 2011년 12월 김정은이 집권한 이후 핵 무력과 경제 건설 병진노선 발표, 핵보유국 지위에 관한 법령 제정, 핵 타격 수단 목적의 미사일 집중 개발, 그리고 3, 4, 5차 핵실험 단행 등 북한의 핵 정책이 어떻게 공세적으로 변모해 가는지를 서술하였다.

제4부에서는 2017년 수소폭탄 실험과 국가 핵 무력 완성 선언, 핵 사용 문턱을 낮추고 핵무기 임무를 선제공격으로까지 확대한 핵 교리의 채택, 핵보유국 지위의 헌법화 등 북한 정권의 핵무장 굳히기 전략을 고찰하였다.

제5부 결론에서는 북한 정권이 핵 개발을 위해 내세우는 담론을 필자의 상상력을 가미하여 재구성해 보고 북한 정권의 핵 정책과 관련한 다섯 가지 시사점을 도출하면서 북한 핵 전략의 지향점을 전망해 보았다.

목차

제1부:

수수께끼와도
같은 북한의
핵 문제

1. 네 가지 질문

북한이 과연 핵을 포기할 것인가 하는 문제는 1990년대 초반 이래 지난 30년간 대한민국과 국제 사회의 화두가 되어 왔다. 그러나 아직까지 그 어느 누구도 그것에 대한 만족스러운 답을 제시하지 못하고 있다. 그러는 사이에 북한은 핵무기 능력을 지속 발전시켜 왔고 우리나라와 미국에 대해 핵무기 사용을 위협하면서 '주체의 핵강국'이라고 자처하고 있다. 북한 정권과 북한 핵 문제에 대한 기존의 이해와 접근에 미흡한 부분이 있는 것일까? 북한이 안전 보장, 경제적 보상, 미-북 관계 정상화 등에 호응하여 핵무기를 포기하는 길로 나올 것이라고 기대하였는데 왜 우리 눈앞에 펼쳐지는 현실은 핵무장 강화의 길로 질주하는 북한 모습일까?

기대와 현실 사이에 이러한 괴리가 발생하는 데에는 여러 가지 이유가 있을 수 있다. 첫 번째는 북한 핵 문제를 바라보는 사고와 분석의 틀이 정도의 차이는 있겠지만 상당할 정도로 서구의 합리성 틀에 영향을 받아 왔기 때문일 수가 있다. 북한에 대해서는 전통적인 국제정치 이론이나 핵 억지 이론 등이 한계를 지니고 있음에도 불구하고 그것에 의존한 측면이 작지 않다.[5] 또한, 북한의 비핵화를 견인하기 위한 방도로서 남아공 모델, 리비아 모델, 이란 모델, 우크라이나 모델, 카자흐스탄 모델 등이 종종 거론되어 왔는데 그것들이 비교연구의 측면에서는 일정한 시사점을 줄 수는 있겠지만 북한에 적용하기에

---

5 이춘근 박사는 북한의 핵 문제를 서구적 시각에서 접근해서는 한계가 있고, 구소련과 중국 등 사회주의 핵 개발 경로와 북한 고유의 체제 특성의 관점에서 접근할 필요가 있다고 지적한다. 다음을 보라. 이춘근, 『북한의 핵 패권: 사회주의 핵 개발 경로와 핵전술 고도화』(인문공간, 2023).

는 무리가 있다.

두 번째는 북핵 문제를 정치적, 전략적 차원보다는 기술적인 차원에 치우쳐 접근한 측면도 있다. 북핵 문제와 관련하여 세간의 주된 관심이 예를 들어 북한이 재처리를 하였는지, 농축프로그램은 가지고 있는지, 얼마만큼의 핵물질을 생산하였는지, 핵실험 규모는 얼마인지, 미사일의 핵 탑재 기술의 수준은 어느 정도인지 등 기술적 사안들에 두어져 온 것이 사실이다. 물론 북한의 핵미사일프로그램에 관한 기술적 평가는 기본 중의 기본이고 그 중요성은 아무리 강조해도 지나치지 않다. 기술적 평가가 탄탄해야 정치적, 정책적 판단도 견고할 수 있다. 그렇지만, 핵무기 개발에 집착할 수밖에 없는 북한 체제의 속성은 무엇인지, 북한 정권 수립 이후 북한 핵 정책의 본질은 무엇이었는지, 북한이 발신한 핵담론의 진정한 의미는 무엇이었는지, 북한이 핵무기 보유를 통해 달성하고자 하는 최종 목표는 무엇인지 등에 대한 고민은 상대적으로 제한적이었고 때로는 우리 사회의 정파적 관점에 의해 균형감을 잃을 때가 많았다는 사실을 부인할 수가 없다.

세 번째는 핵에 대한 우리 사회의 감수성 부족이다. 북한은 1953년 한국전쟁이 끝난 이후부터 핵에 온 신경을 곤두세우고 그 개발을 위해 전심전력했다. 지난 20년 이상의 북한 매체 자료를 살펴보면 핵 문제와 핵무기에 관한 수많은 입장과 분석, 논평 등을 발견할 수 있다. 최근 들어서는 핵무기 전략 및 핵전력 운용에 대한 담론들이 늘어나고 있다. 이에 비해서 한국 사회는 핵 문제에 대해, 그리고 북한의 핵 개발이 가져올 영향에 대해 의식적, 무의식적으로 느슨한 태도를 가

저왔다. 다행히 2012년 김정은 집권 이후부터는 우리 사회에서 북한 핵에 대한 경종의 목소리들이 커지고 있다. 북한 핵 위협에 대한 경각심은 늘 높은 상태로 유지하고 있어야 한다. 왜냐하면 북한 정권의 핵무기에 관한 셈법과 인식과 전략은 통상적인 합리성을 넘어 특수할 수 있기 때문이다.

네 번째는 미국 요인에 따른 착시 현상이다. 핵무장에 매진하고 있는 북한의 눈은 어디를 향하고 있을까? 확정하여 말하기가 어렵겠지만 우선은 북한의 절대 수령 체제를 보존하는 것이고, 그다음으로는 대한민국이 북한을 제압하지 못하도록 하는 것이며, 나아가 할 수만 있다면 대한민국을 핵 볼모로 잡는 것이라고 상정해 볼 수 있지 않을까? 북한의 핵무장 목표와 의도가 핵무기 대 핵무기로 미국을 상대하려는 것이 아니라면 북한의 핵무기는 당연히 한반도와 대한민국을 향해 있는 것으로 보는 것이 맞지 않을까? 북한이 미 본토에 도달할 수 있는 대륙간탄도미사일(ICBM) 능력을 개발하는 것은 이러한 목표를 위한 수단의 의미를 지닌다고 봐야 한다.

따라서, 북한의 핵무기 능력이 미국을 상대하기에는 아직 부족한 상태이고 또 영원히 상대할 수 없을 것이기 때문에 안심해도 된다는 이야기는 대한민국 국가 안보의 관점에서는 성립될 수 없다. 그런데도, 북한이 미국 본토에 도달할 수 있는 핵무기 능력을 구비하는 데까지는 더 많은 시간이 필요하고 극복해야 할 기술적 과제들이 남아 있기 때문에 앞당겨, 과도하게 우려할 필요가 없다는 분석과 주장들이 여전히 존재한다. 시간이 대한민국과 국제 사회의 편일지 아니면 북한 편일지는 아무도 그 미래를 알 수 없다. 그렇지만 시간의 지평과 관련하여서도 항상 냉철할 필요가 있다.

　이 네 가지 문제의식은 북한 핵 담론을 찾아 떠나는 여정의 시작을 알리는 신호와도 같다.

2. 북한의 핵무장 질주 행보

2024년 올해로 김정은이 집권한 지 어느덧 13년 차로 접어들었다. 그동안 김정은은 4차례의 핵실험을 하고, 최소 180회 이상, 570발 이상의 단거리, 중거리, 장거리 등 각종 미사일과 방사포들을 개발·발사하며, 전술핵무기 사용을 상정한 모의 군사훈련을 실시하고, 법령과 헌법을 통해 핵무장을 법제화까지 하였다. 북한은 김정은이 집권한 2012년부터 핵무장을 위해 질주하고 있다. 2012년 4월 헌법을 개정하여 그 서문에 '핵보유국'을 명시하였고, 2013년 3월 핵무력·경제건설 병진노선을 발표하였다. 2013년 4월에는 핵보유국 지위 강화에 관한 법령을 제정하여 핵독트린을 선보였다. 2017년 11월 국가 핵 무력 완성을 선언하였으며, 2022년 9월 핵무기 사용 문턱을 대폭 낮추고 핵 선제공격 가능성을 명시한 핵 무력 정책 법령을 채택하였다. 그리고 2023년 9월 핵보유국 지위와 핵 무력 정책을 최고법인 헌법에 영구화하는 조치를 취하였다.

국제 사회는 북한의 핵무기 개발을 저지하고 개발한 핵무기를 포기시키기 위해 미-북한 제네바합의(1994), 6자회담 9.19 공동성명(2005), 미-북한 싱가포르(2018)와 하노이 정상회담(2019) 등과 같은 다양한 외교적 노력과 아울러 2006년부터 유엔 안전보장이사회를 통한 십여 차례의 강력한 제재 결의를 동원하였지만, 프랭크 시나트라의 노래 제목 〈My Way〉가 연상되듯 북한은 핵무장에 관한 북한의 길을 가고 있다.

북한의 이러한 핵무장 질주 행보를 어떻게 읽어야 할까? 자신을 구원해 달라는 또는 자신과 협상하자는 국제 사회를 향한 외침인가? 아니면 사실상의(de facto) 핵보유국 달성을 향한 확고부동한 진군인가? 북한이 핵무기 개발을 포기하기보다는 핵무장을 지속 추구하는 쪽에 국가 노선의 우선순위를 더 둘 것이고 비핵화 협상에 나서더라도 완전한 핵 포기는 하지 않을 공산이 크다는 분석과 우려는 이미 10년 이상 전부터 북핵 전문가들 사이에서 제기되기 시작하였다. 그리고 2024년 현시점에서 그 같은 우려는 깊어져만 가고 있다.

2005년부터 2009년간 미국 정부의 북핵 6자 회담 수석대표를 역임한 크리스토퍼 힐(Christopher R. Hill) 전 국무부 동아태 차관보는 김정은의 말과 행동을 보면 아버지 김정일과는 달리 비핵화에 그다지 관심이 없어 보인다고 평가하였다.[6] 2004년부터 2007년간 부시 행정부에서 백악관 국가안보회의(NSC) 아시아 담당 국장이자 6자 회담 차석대표를 지낸 빅터 차(Victor Cha)도 북한이 핵을 포기할 가능성은 희박하고, 핵과 관련한 거래를 하는 경우 완전한 비핵화가 아닌 '미-인도 간 합의' 모델을 추구할 가능성이 있다고 분석하였다.[7]

2015년에 이미 북핵 전문가 사이에서는 북한의 핵무기 보유량이 2020년까지 대폭 증가하고[8], 북한이 생존 가능한 핵 보복 타격 능력을

---

6   Christopher R. Hill, 「North Korea's Nuclear Shadow」, Project Syndicate, 31 October 2014. Christopher R. Hill. 「North Korea's Endgame」, Project Syndicate, 27 August 2015. Christopher R. Hill, 「The Iran Deal's North Korean Shadow」, Project Syndicate, 30 July 2015.

7   Victor D. Cha, 『Impossible State: North Korea』 Past and Future(New York: HarperCollins Publishers, 2012), p. 298-305.

8   조엘 위트는 북한이 2020년까지 최악의 경우 최대 100기까지의 핵무기 확보도 가능하다고 하였는데, 이에 대해 올리 하이노넨 전 IAEA 안전조치 사무차장과 마크 피츠

점차 확보해 가고 있다는 우려 섞인 목소리[9]들이 나오기 시작했다. 북한 핵무기 보유량의 증가에 대한 우려는 2024년 들어서도 제기되고 있다.[10]

패트릭 IISS 비확산 군축프로그램 소장은 다소 신중한 견해를 보였다. 각각 다음을 보라. Joel Wit and Sun Young Ahn, 「North Korea's Nuclear Futures: Technology and Strategy」, North Korea's Nuclear Future Series, US-Korea Institute at SAIS. NKNEWS. ORG, 「Former IAEA official skeptical of recent report about North Korea's nuclear capability」, 10 March 2015. IISS, 「Mark Fitzpatrick: North Korea won't have 100 nukes by 2020, but that's no comfort」, 2 March 2015.

9   Dr. Van Jackson, 「Testimony before the House Committee on Foreign Affairs Subcommittee on Asia and the Pacific」, 26 February 2015.

10   2024년 7월 미국 핵과학자회(BAS)는 북한이 최대 90개의 핵폭탄을 만들 수 있는 핵물질을 생산하였고 핵폭탄 50개 가량은 제조해 두었으며, 2020년대 말 시점이 되면 최대 130개의 핵폭탄 분량의 핵물질을 확보할 수 있을 것이라고 추정하였다. 다음을 보라. "美 과학자회, 북, 핵탄두 90기 분량 핵물질 생산 … 50기 만든 듯", 《연합뉴스》, 2024년 7월 16일.

3. 북한 정권의 핵 문제 기본 인식과 입장

북한이 핵무기를 개발하게 된 동기는 무엇일까? 세이건(Sagan)은 국가들이 핵 개발을 추구하거나 불추구하는 동기와 관련하여 안보 모델(security model), 국내 정치 모델(domestic politics model), 그리고 규범/지위 모델(norm model) 세 가지를 제시하였다.[11] 북한 사례를 분석하는 데 있어서 어느 하나의 모델만을 강조하기는 어렵고 북한만의 특수성이 있다. 북한의 핵무기프로그램 추구는 (1) 북한이 처한 지정학적 상황에 따른 안보적 고려, (2) 김씨 일가 세습 독재 체제의 정권 안보를 위한 국내 정치적 고려, 그리고 (3) 핵무기에 부여하는 위신 및 규범적 가치 세 가지 모두가 복합되어 있다고 할 수 있다.

만약 현실주의(realism) 또는 신현실주의(neo-realism) 국제 정치 이론에 입각한 '안보 모델'에 경도되어 북한 핵 문제를 바라보게 되면 북한의 독특한 수령 유일, 세습 독재 체제[12]가 핵 문제에 대해 무기 개발 결정 및 전략에 어떻게 작용하고 영향을 미치고 있는지를 놓치거나 간과하기 쉽다.[13] 북한의 핵 관련 동기를 어떻게 이해하느냐 하는 것은 정책 처방과도 연결된 문제이다. 북한 핵 문제에 대한 올바른

---

11 Scott D. Sagan, 「Why Do States Build Nuclear Weapon?」, International Security Vol. 21, No. 3, Winter 1996/1997.

12 북한 체제의 속성을 바라보는 관점은 다양하다. 통일부가 정기적으로 발간하는 『북한 이해』 책자에서는 '스탈린식 사회주의 체제', '신정체제', '유일지배체제', '조합주의적 사회주의 체제', '유격대 국가체제', '수령체제', '극장국가' 등의 관점이 있다고 소개하고 있다. 다음을 보라. 통일부, 『2024 북한 이해』, p. 14.

13 이러한 점에 대해서는 미국 UC Irvine의 Etel Solingen 교수의 다음 저서 참조. See Etel Solingen, 『Nuclear Logics: Contrasting Paths in East Asia and the Middle East』 (New Jersey: Princeton University Press, 2007), p. 249-261.

정책 처방을 할 수 있기 위해서는 북한의 지정학적 안보 딜레마뿐만 아니라, 북한 정권의 성향과 국내 정치 다이내믹스에 대한 고려가 반드시 필요하다.

북한의 핵담론을 읽어 내기 위해서는 보다 큰 틀에서 북한 정권이 추구하는 국가 대전략과 군사 전략이 무엇인지를 가늠해 보아야 한다. 핵에 관한 북한의 대전략이 무엇인지는 북한 체제가 갖는 극도의 은밀성으로 인하여 권위 있는 설명을 하기가 쉽지 않다. 북한의 핵무기 개발 전략과 관련 사항은 정권 내 극소수 인사들만 알고 있을 것이기 때문에 그 사람들이 사망해 버리거나 관련 문서에 대한 접근이 이루어지지 않는 경우 국제 사회는 영원히 그 전모를 알 수 없을지도 모른다.

그런데, 2016년 5월 북한의 제7차 노동당 대회가 끝난 이후에 이 문제와 관련하여 상당히 흥미로운 분석 하나가 제시된 적이 있다. 북한 정권이 추구하는 핵 노선의 목표는 우선 핵무기를 개발하여 확보하고 그 다음 단계로 국제 사회, 특히 미국으로부터 핵보유국 지위를 받아 내는 것이라는 것이다. 장롄구이 중국 중앙당교 국제전략연구소 교수는 2016년 5월 19일 《내일신문》에 기고한 글에서 김정은이 추진하는 핵 정책이 'C 계획(Plan C)'이고 이를 본격 가동하기 시작하였다고 하였다.[14][15] 김명철이 C 계획에 대해 언급한 것이 상당히 오래 전인 2009년 김정일 정권 시절이었는데 2024년 현 시점에서 국제 사회가 목도하고 있는 북핵 현실과 김정은 정권의 핵 노선 지향점과 맥이 닿아 있어 주목된다. 장렌구이 교수는 해당 글에서 김정은 정권이 C 계획 실행을 위해 제재 무효론, 비핵화 패배론, 북한 핵보유 무해론, 한미에 대한 북한 핵보유 승인 압박 등의 조치를 도모해 나갈 것이라고 예상하였다.[16]

북한의 군사전략 역시 핵전략과 마찬가지로 암흑 상자와 같아서 그 요체 파악이 쉽지가 않다. 북한의 군사전략과 관련하여 익히 알려져 있는 것은 북한이 1962년 채택한 4대 군사노선, 즉 전 인민의 무장화, 전 국토의 요새화, 전 군의 간부화, 전 군의 현대화이다. 「2022 대한민국 국방백서」는 북한 김정은이 2015년에 북한군 강화를 위한 4대 전략적 노선으로 '정치사상 강군화, 도덕 강군화, 전법 강군화, 다병종

---

14 C 계획이란 북한 김정일의 비공식 대변인으로 불리어졌던 재미교포 출신 학자 김명철이 2009년 10월 제시한 것이다. 김명철은 2009년 10월 14일 홍콩 매체《Asia Times》에 기고한 「North Korea begins 'Plan C'」라는 글을 통해 C 계획의 구체적 내용을 소개하였다.

15 장렌구이 교수에 따르면 김명철이 밝힌 C 계획상의 북한의 핵 보유 노선은 첫 단계에서 사용 가능한 핵무기를 확보하는 것이고, 두 번째 단계에서 C 계획을 통해 국제 사회로부터 핵보유국 지위를 인정받아 미국이 궁극적으로 핵무기를 보유한 북한과 평화 공존하며 평화협정을 체결하여 미-북 간 적대 상태의 종식과 전면적 외교 관계를 수립하는 것이다. 다음을 보라. "점점 구체화되는 북한의 C 계획", 《내일신문》, 중국시평(장렌구이), 2016년 5월 19일.

16 앞의 글.

강군화'를 제시하였다고 서술하였다.[17]

핵전략이 갖는 특수성으로 인해 북한의 핵전략도 전체 군사전략으로부터 상당한 정도의 독자성이 있을 것이지만 전체 군사전략의 어느 지점에 위치하고 있는지를 이해하는 것은 필요하다. 북한의 핵미사일 전략은 김정은이 제시한 4대 강군화 전략적 노선 중 '전법 강군화'와 '다병종 강군화'와 연관되어 있을 것으로 보며[18], 북한의 열악한 경제 상황상 재래식 전력으로는 한계가 있는 미국과 한국에 대한 억지력을 핵무기로 확보하고자 하는 비대칭 군사전략[19]으로 판단된다.

북한 정권은 북한 핵문제의 근본 원인을 70년 이상 지속되고 있는 미국의 대북 적대시 정책과 핵 위협의 산물로 인식하며 그것으로 인해 북한이 불가피하게 핵 억제력을 갖게 되었다고 주장한다.[20] 미국의 핵 위협에 대한 북한의 두려움은 한국전쟁 시기까지 거슬러 올라간

---

17 「2022 국방백서」, 대한민국 국방부, 2023년 2월, p. 25.

18 통일부, 『2024 북한 이해』, p. 91.

19 《자주시보》의 한호석 정세연구소 소장의 글은 북한의 핵 군사전략과 관련한 일정한 시사점을 준다. 한 소장은 북한 김정은이 몸소 북한의 군사전략을 연구하고 체계화하였다면서 그 내용은 '군정배합전략', '비대칭전략', '집초전략'인데 핵무기는 이 중 '비대칭전략'에 속한다고 하였다. 한 소장은 '비대칭전략'이란 적이 예상하지 못하는 시기에 공격하고, 적이 예상하지 못하는 전법으로 공격하며, 적이 방어할 수 없는 무기를 사용하는 것인데, 북한이 개발한 비대칭 무기 중에서 대표적인 것이 극초음속 미사일과 핵무기이고 특히 화산-31 전술핵탄두를 장착하여 변칙 궤도 비행을 할 수 있는 화성-11형 전술 핵미사일은 한미연합군이 방어할 수 없는 무기라고 하였다. 다음을 보라. "〔개벽예감 576〕 김정은 군사전략", 《자주시보》, 2024년 2월 26일.

20 "조선 외무성 비망록 미국의 적대시 정책은 핵문제 해결의 기본 장애", 《조선중앙통신》, 2012년 8월 31일.

다. 북한은 한국전쟁 당시 미 트루먼 행정부와 맥아더 장군이 북한 및 만주 지역에 대한 핵전쟁 계획을 마련하여 그 실행을 심각하게 고려한 정황을 비판하면서 자신들의 핵무기 개발이 역사적인 정당성을 갖고 있다는 입장이다.[21] 북한은 "선군 조선의 핵 억제력은 미국의 적대시 정책과 핵위협이 근원적으로 청산되지 않는 한 절대로 포기할 수 없고 억만금과도 바꿀 수 없다."는 입장이다.[22]

북한은 절대무기로 간주되는 핵무기를 보유하면 핵 억지이론이 주장하는 것처럼 '공포의 균형(balance of terror)' 효과가 작용하여 자신들이 외부로부터 군사적 침략을 당할 가능성이 없어지거나 현저하게 감소하고, 미국과 한국에 대한 억지력과 레버리지는 차원이 다르게 제고되며, 국제 관계에서 전략 국가가 되고 핵보유국이 누릴 수 있는 행동의 자유와 프리미엄을 가질 수 있다고 믿는 듯하다.

북한은 자신의, 특히 김씨 왕조의 안전을 보장하는 가장 확실한 보루가 핵 억제력이라고 생각하며, 자신들이 핵무기를 갖고 있기 때문에 과거 이라크, 리비아 등이 맞았던 운명을 당하지 않는다고 믿고 있다.[23] 김정은은 "강위력한 핵 무력 위에 평화도 있고 부강 번영도 있으

---

21 허종호, 『미제의 극동 침략 정책과 조선전쟁 2』(사회과학출판사, 1993), p. 186-189. 이 책은 통일부 산하에 있는 북한자료센터 도서관에 소장되어 있다.

22 "조선 외무성 미국이 우리 국가 제도를 무너뜨리려 하는 이상 조선반도 비핵화 논의는 아무런 의미도 없어지게 될 것이다",《조선중앙통신》, 2014년 10월 4일.

23 2013년 2월 제 3차 핵실험 후 북한은 한 논평에서 미국의 강권과 압력에 의해 핵을 중도 포기한 나라들의 비극에 대해 언급하면서 자신들의 선택이 선견지명이 있고 정당한 것이었다는 요지의 언급을 한다. "조선중앙통신사 논평 핵시험은 응당한 자주권 행사 강조",《조선중앙통신》, 2013년 2월 21일.

며 인민들의 행복한 삶도 있다."고 강조한다.[24] "핵무기가 세상에 출현한 이후 근 70년간 세계적 규모의 냉전이 〔오랫동안〕지속되고 여러 지역에서 크고 작은 전쟁들이 많이 있었지만 핵보유국들만은 군사적 침략을 당하지 않았다."는 것이 북한 정권의 인식이다.[25]

북한은 자신들이 핵무기를 개발한 덕분에 과거 핵비보유국으로서 미국의 일방적인 핵 위협을 받던 것에서 벗어나 핵보유국 대 핵보유국으로 미국과 맞설 수 있게 되었고, 미국도 핵을 가진 자신과 평화 공존을 모색할 수밖에 없다고 주장한다.[26] 북한이 내세우는 한반도 평화 보장 방안은 두 가지다.[27] 하나는 북한 스스로의 힘으로 미국에 대항하는 핵 방위력을 갖추는 것이고, 다른 하나는 미국이 대북 적대시 정책을 포기하고 북한과 평화협정을 체결하는 것이다. 어느 길을 택할지는 미국에 달려 있고, 시간은 북한 편인만큼[28] 미국이 적대시 정책을 고수하면 할수록 북한의 핵 억지력만 강화될 뿐이라고 북한 정권은 주장한다. 상대방에게 두 가지 선택 사항을 주고 택일을 요구하는 것은 미국의 화법과 닮아 있다.

국제 정치를 바라보는 북한 정권의 시각은 '비관적 현실주의'에 가깝다. 다시 말해, 국제 정치는 토마스 홉스가 묘사했듯이 '만인에 대한

---

24 "조선 노동당 중앙위 3월 전원회의 보고-노동신문", 《조선중앙통신》, 2013년 4월 2일.
25 앞의 글.
26 "실책은 시대와 현실에 대한 오판에서부터: 《북핵 문제 해결》을 떠드는 미국 위정자들의 정책을 진단하며", 《우리민족끼리》, 2015년 8월 2일.
27 "조선민주주의인민공화국 외무성 성명", 《조선중앙통신》, 2015년 10월 17일.
28 "공화국의 전략핵무력은 더욱 강화되고 정예화될 것이다", 《조선중앙통신》, 2015년 7월 21일.

만인의 투쟁' 상태로서 힘이 없으면 살아남지 못하고, 각종 배신이 난무하며, 결국 믿을 것은 자신밖에 없다는 것이다. 북한은 '국제 정세나 주변 관계 구도가 어떻게 바뀌든' 주체(Self-Reliance)의 철학하에 자기 힘만 믿으며 자기가 선택한 길을 가겠다고 한다.[29] 북한은 이러한 강박 관념과도 같은 국제 정세 인식하에서 핵무기를 개발하였고 그것을 영구적으로 유지하고자 한다.

북한은 당초에는 핵무기를 보유할 의사가 없었는데 미국의 대북 적대시 정책으로 인해 평화적 원자력 발전과 자위적 핵 억제력 개발을 병행하게 되었다고 한다.[30] 북한은 "2001년 미국이 우리 공화국에 대한 핵 선제 타격을 정책화한데 대응한 자위적 조치로서 부득불 핵무기를 보유"하게 되었고[31], "2012년 미국이 〔한국〕과 함께 우리 공화국에 대한 핵 선제 타격을 실제적인 작전으로 옮기기로 결정함에 따라 우리 공화국도 그에 대응한 핵 선제 타격 능력을 갖추게 되었다."고 주장한다.[32]

핵무기에 대한 북한 정권의 국가 이성, 즉 한국전쟁 시기까지 거슬러 올라가는 미국의 대북 핵무기 사용 위협과 적대시 정책으로부터 자기를 보호하기 위해 핵무기를 개발하는 것이 불가피하였고, 강력한

---

29 "우리의 전략적 선택은 그 누구도 가로막지 못할 것이다", 《노동신문》, 2015년 3월 13일.

30 "20년 전과 오늘: 미국이 새겨야 할 교훈", 《조선중앙통신》, 2013년 3월 12일.

31 "조선 외무성 군축 및 평화연구소 남조선 강점 미군은 암적 존재", 《조선중앙통신》, 2014년 9월 5일.

32 앞의 글.

핵무장력이 있어야 북한의 평화와 안전이 보장될 수 있다는 믿음은 비핵화에 대한 북한의 입장과 맞닿아 있다.

북한 관점에서의 비핵화는 다음과 같이 요약할 수 있다. 첫째, 한반도 비핵화는 '북한의 핵무기만을 폐기하는 것'이 아니라 한국을 포함한 한반도 전역의 비핵화를 의미한다.[33] 둘째, 한반도 비핵화가 실현되기 위해서는 미국이 핵 위협을 통한 북한 체제 전복이 목적인 적대시 정책을 포기하고 '북한과의 평화 공존으로 정책을 전환'하고[34], 평화협정을 체결하여야 한다.[35] 미국의 핵 위협이 제거되고 한국에 대한 미국의 핵우산이 없어질 때 북한의 핵무기도 필요 없게 된다.[36] 셋째, 한반도 비핵화 추진을 위한 기본 원칙은 '행동 대 행동'-즉 동시 행동-이며 북한의 일방적인 선 핵무기 포기는 없다.[37] 북한의 선 핵무기 포기를 전제로 하는 북미 관계 개선이나 대북 지원, 제재 해제, 대북 안전보장 제공은 수용할 수 없다. 넷째, 북한은 핵무기 보유국이므로 북한의 비핵화는 전 세계의 핵군축과 비핵화 맥락하에서 검토될 수 있

33 "조선민주주의인민공화국 외무성 비망록(전문)", 《조선중앙통신》, 2005년 3월 3일. "조선 외무성 비망록『조선 반도와 핵』", 《조선중앙통신》, 2010년 4월 21일. "총참모부 대변인 남조선은 조선반도 핵문제에 끼어들 자격이 없다", 《조선중앙통신》, 2009년 2월 2일.

34 "조선 국방위 미국은 대조선 적대시 정책부터 철회하여야 할 것이다", 《조선중앙통신》, 2013년 10월 12일.

35 "평화협정체결이 조선반도문제해결의 급선무이다", 《조선중앙통신》, 2015년 11월 3일.

36 "조선민주주의 인민공화국 외무성 대변인 담화", 《조선중앙통신》, 2009년 1월 13일.

37 "조선 외무성 핵위협 가중되는 한 핵 억제력 강화하지 않을 수 없다", 《조선중앙통신》, 2013년 10월 23일.

다.[38] 북한은 "세계의 비핵화가 실현되기 전에는 미국은 조선반도의 비핵화에 대하여 꿈도 꾸지 말아야 한다. 이것이 우리의 확고한 의지이다."라고 주장한다.[39]

38 "노동신문《조선반도 핵 위기 사태의 진상을 논함》", 《조선중앙통신》, 2013년 4월 30일.
39 "《핵무기 만능론》을 제창하는 세계 최대의 핵 전파국", 《노동신문》, 2015년 4월 6일.

제2부

핵무장으로
가는 길

1. 핵비확산조약(NPT) 탈퇴 선언 및 핵 개발 여러 의심 정황

2002년 10월 북한의 우라늄 농축프로그램 존재 시인을 둘러싼 미국과 북한 간 긴장과 대립[40]으로 2차 북핵 위기가 촉발된다. 북핵 위기의 먹구름은 이미 10월 이전부터 조금씩 쌓이면서 몰려오고 있었다. 2001년 1월 클린턴 행정부에서 부시 행정부로의 교체, 2001년 9.11 사태, 2002년 1월 부시 대통령의 '악의 축' 발언, 핵태세보고서(NPR)에 북한을 미국의 잠재적 핵공격 대상국가 중 하나에 포함 등 전반적인 분위기가 클린턴 행정부 말기 좋았던 미-북 관계와는 질적으로 달라지고 있었다.

핵무기 제조에 사용되는 플루토늄이나 농축우라늄 같은 핵분열성 물질이 연쇄 반응을 지속하는 데 필요한 최소한의 양을 임계 질량(critical mass)라고 하는데, 2002년 여름으로 접어들자 제2차 북핵 위기가 발화하기에 충분한 임계 질량이 만들어졌고 그에 따른 연쇄 반응을 막을 수가 없게 되었다. 북한의 농축우라늄 문제와 관련하여 2002년 6월 말 미 정보당국의 보고서 발간, 2002년 10월 미 국무부 제

---

40 2002년 10월 3일~4일 미-북 고위급 회담에서 제기되었던 우라늄 농축 문제와 관련하여 북한은 2002년 10월 25일 외무성 대변인 담화를 통해 "우리는 미국 대통령 특사에게 미국의 가증되는 핵 압살에 대처하여 우리가 자주권과 생존권을 지키기 위해 핵무기는 물론 그보다 더한 것도 가지게 되어 있다고 분명히 말해 주었다."고 밝혔다. "조미 사이의 불가침 조약 체결이 핵문제 해결의 합리적이고 현실적인 방도", 《조선중앙통신》, 2002년 10월 25일. 당시 상황과 관련하여 빅터 차 교수도 북한 강석주 외무성 부상이 제임스 켈리 미 국무부 차관보에게 '북한은 그러한 능력을 가질 권리가 있고 그 보다 더 한 무기도 갖고 있다.'는 요지로 말하였다고 소개하였다. Victor Cha and David Kang, 「The Debate over North Korea」, Political Science Quarterly 119.2(2004): p. 229-254.

임스 켈리 동아태 차관보의 방북에서의 미-북간 설전과 갈등, 1994년 제네바합의(AF: Agreed Framework)의 와해 과정과 그 과정에서의 부시 행정부 내 대북 강경파의 움직임 및 한국 정부와 미국 내 대북 관여파의 파국을 막기 위한 노력 등은 돈 오버도퍼와 로버트 칼린이 쓴 『The Two Koreas(두 개의 한국)』에 잘 소개되어 있다.[41]

북한은 2002년 12월 21일부터 불과 열흘 만에 초고속으로 1994년 미-북 제네바합의(AF: Agreed Framework)에 따라 8년 동안 동결 중이던 영변 핵시설에 대해 봉인 해제, 감시 카메라 작동 중단, 국제원자력기구(IAEA) 사찰관 추방 등 일련의 조치를 일사천리로 취했다.[42] 북한은 해가 바뀌자 2003년 1월 10일 '정부 성명'[43]을 통해 1993년 미-북 공동선언에 따라 임시 중단시켜 놓았던 핵비확산조약(NPT: Nuclear Non-Proliferation Treaty)[44]의 "탈퇴 효력이 자동적으로 즉시 발생한

---

41 돈 오버도퍼·로버트 칼린(이종길·양은미 옮김), 『The Two Koreas (두 개의 한국)』 (길산, 2015), 제17장 p. 646-699.

42 IAEA, "Implementation of Safeguards Agreement Between the Agency and the Democratic People's Republic of Korea Pursuant to the Treaty on the Non-Proliferation of Nuclear Weapons, Report by Director General, IAEA General Conference, GC(47)19", 13 August 2003.

43 북한의 '공화국 정부 성명'은 북한 당국이 남북 관계, 내부 주요 정책, 자신과 관련된 주요 국제 문제 등에 대해 입장을 밝히는 공식 발표 중 최고 수준의 형식이다. 북한은 1993년 3월 12일 NPT 탈퇴 선언 때에도 이 형식을 취했다.

44 핵비확산조약(NPT)은 핵무기의 확산 방지와 핵 군축을 위한 최고 권위의 국제 규범이다. 1970년 3월 5일에 발효되었고 현재 우리나라를 포함하여 191개국이 조약의 당사국이다. NPT상의 5대 핵보유국(미국, 영국, 프랑스, 러시아, 중국)은 핵군축의 의무를 지니고 핵비보유국은 핵무기를 개발하지 않아야 하며 이를 증명하기 위해 IAEA로

다."고 선언하였다.[45]

　12월 말 엄동설한에 북한 영변[46] 핵단지에서 추방되는 IAEA 사찰관들의 심정은 어떠했을까?[47] 전 세계에서 북한처럼 노골적이고 대담하게 핵무기 확산 방지에 관한 국제 사회 최고 권위의 규범인 NPT로부터 탈퇴를 선언하고 핵 시설을 감시하는 국제 사찰관들을 강제로 쫓아내는 나라가 또 있을까? 북한은 자신의 NPT 탈퇴가 '미국의 압살 정책'과 '핵 위협'에 대응한 정당한 '자위적 조치'라고 하였다.[48] 동 탈퇴 성명에서 북한은 자신들이 1985년 12월 NPT에 가입한 목적은 다음 세 가지였는데 미국 때문에 그 목적 어느 하나도 충족되지 않았다고

부터 사찰을 받아야 한다. 북한은 1985년 12월 12월에 NPT에 가입하였다가 1993년 3월 12일과 2003년 1월 10일에 탈퇴를 선언하였는데 국제 사회는 북한의 NPT 탈퇴 여부에 대해 모호성을 유지하고 있다.

45 "조선 정부 성명 핵무기전파방지조약에서 탈퇴",《조선중앙통신》, 2003년 1월 11일.

46 영변은 김소월 시인의 시「진달래꽃」에 '영변의 약산 진달래꽃'으로 등장하고 구룡강이 도시를 굽어 흐른다고 하니 매우 아름다울 것으로 생각된다. 필자가 사무관 시절 외교부 군축원자력과에서 북핵 문제 실무를 지원할 때 당시 국장님께서 영변에 있는 '약산'의 높이가 얼마냐고 물어보셨는데 필자가 제대로 답을 못 하자 북핵 담당자로서 "아직 가야 할 길이 멀구먼."이라고 하셨던 기억이 난다. 인터넷에 찾아보니 약산의 높이는 429미터로 나와 있다. 사찰 임무를 수행하기 위해 영변을 찾았던 IAEA 사찰관들은 약산 진달래꽃의 아름다운 정경을 감상할 기회를 가졌을지 필자는 가끔 궁금하다.

47 1990년대 초반 IAEA 사찰단을 이끌고 2005년 7월부터 2010년 8월까지 IAEA 사찰·검증을 책임지는 안전조치 사무차장을 지낸 올리 하이노넨(Olli Heinonen)은 동료 사찰관 중 한 명이 크리스마스 즈음에 영변 핵단지에서 생일을 보낸 이야기, 북한의 신고 내용을 검증하기 위해 고심하는 내용 등 북한에서 IAEA 사찰관들이 경험한 일화들에 대해 자신의 페이스북을 통해 소개하기도 하였다.

48 앞의 글.

밝혔다. 첫째 목적은, 북한에 대한 미국의 핵 위협을 불식시키고, 둘째 목적은, 한반도 비핵지대화를 실현하며, 셋째 목적은, 경수로 등 원자력 산업과 관련한 국제적 협력을 받는 것이었다.[49] 그런데, 부시 행정부가 자신들을 '핵 선제공격 대상'으로 지정하여 '핵무기전파방지조약의 기본정신을 난폭하게 유린'하고, 힘으로 자신들을 붕괴시키려고 함에 따라 NPT에서 탈퇴할 수밖에 없다고 북한은 강변하였다.[50]

북한은 자신들이 NPT에서 탈퇴는 하지만 "핵무기를 만들 의사는 없으며 현 단계에서 우리의 핵 활동은 오직 전력 생산을 위한 평화적 목적에 국한될 것이다."라고 하였다.[51][52] 북한의 이 주장을 액면 그대로 받아들이면 그때까지 핵무기는 만들지 않았다는 것이다. 그런데, 이 주장과는 상충되게 북한은 2003년 8월 27일 중국 베이징에서 개막한 6자 회담 제1차 회의 기조발언에서 핵무기 보유를 시사한다. 북한 《조선중앙통신》 보도에 따르면, 북한 대표는 "미국이 대조선 적대시 정책 포기 의사를 밝히면 우리도 핵 계획 포기 의사를 밝힐 수 있다." 그렇지만, "미국이 선핵 포기만을 고집하면 … 우리도 핵 억제력을 포

---

49 "조선중앙통신사 상보 핵무기전파방지조약 탈퇴는 정정당당한 자위적 조치",《조선중앙통신》, 2003년 1월 22일.

50 앞의 글.

51 "조선 정부 성명 핵무기전파방지조약에서 탈퇴",《조선중앙통신》, 2003년 1월 11일.

52 참고로 1992년 채택된 북한의 원자력법도 제1조에서 "원자력을 평화적으로 이용하는 것이 북한이 견지하고 있는 일관된 원칙이다."라고 규정하고 있다. 다음을 보라. 『2005 조선민주주의인민공화국 법전』(법률출판사, 2004), p. 1093-95. 이 책은 통일부 산하에 있는 북한자료센터 도서관에 소장되어 있다.

기할 수 없으며 강화할 것이다."라고 하였다.[53]

북한이 정확히 언제 핵무기를 만든 것인지는 분명하지 않다. 그것은 북한만이 알 것이고 국제 사회는 훗날 모든 것이 드러나기 전까지는 가용한 모든 정보를 활용한 추론을 통해 최대한 사실에 가깝게 사실에 다가가는 수밖에 없다. 북한 정권은 적어도 2000년대 초까지는 핵무기 보유 여부에 대해 전략적 모호성 내지는 이중적 태도를 유지했던 것으로 보인다. 그러던 북한은 2005년 2월 10일 외무성 성명을 통해 "자위를 위해서 핵무기를 만들었다."고 밝혔다.[54] 북한이 전 세계를 대상으로 핵무기 보유를 공식적으로 주장한 것이다.

북한이 핵무기를 갖게 된 시점이 정말 2005년 2월일까? 그보다 훨씬 이전일 것으로 추정할 만한 여러 정황이 존재한다. 6자 회담이 시작되는 2003년에 북한 정권은 외무성 관리들의 입을 빌어 북한이 이미 핵무기를 제조해 두었고 단지 핵실험만 하고 있지 않을 뿐이라는 것을 강하게 암시하였다. 북한 체제의 특성상 외무성이 상부의 지시 없이 국제 사회를 상대로 핵무기 보유를 암시한다는 것은 상상할 수 없는 일이다. 그리고 2003년 8월이면 첫 6자 회담 회의가 개최되지 않는가? 회담에 임하는 대책 회의가 있었을 것이고 핵프로그램 현황도 점검했을 것이다. 한국, 미국, 일본, 중국, 러시아 등 주요 국가가 참여하고 국제 사회의 이목이 집중되는 공식 회의 석상에서 북한이 핵무

53 "조미 사이의 핵문제에 대한 6자 회담 개최-조선 측 일괄타결 도식과 동시 행동 순서 제시",《조선중앙통신》, 2003년 8월 30일.
54 "조선 외무성 2기 부쉬 행정부의 대조선 적대시 정책에 대처한 입장 천명 6자 회담 참가를 무기한 중단",《조선중앙통신》, 2005년 2월 11일.

기 보유 여부에 대해 일정 정도의 전술적 기만은 하려 했을 수 있겠지만 완전한 허위 주장을 할 수가 있었을까? 나중에 시간이 흘러 북한의 핵보유 시점과 관련한 사실관계가 밝혀지기 전까지는 당시 북한의 발언 흔적과 관련 공개정보를 최대한 추적하여 그 진실이 무엇일지 추론해 보는 수밖에 없다.

빅터 차(Victor Cha)에 따르면, 2003년 4월 북한-미국-중국 간 3자 회담 당시 북한 측 대표인 이근 외무성 미주국 부국장이 제임스 켈리(James Kelly) 미 국무부 동아태 차관보에게 다음 네 가지 취지의 언급을 하였다고 한다.[55] 첫째, 북한은 핵무기를 가지고 있다. 둘째, 북한은 핵무기를 폐기할 의사가 없다. 셋째, 북한은 핵무기를 실험하거나 수출하는 것도 고려할 것이다. 넷째, 북한이 앞으로 어떻게 할지는 미국이 어떠한 긴장 완화 조치를 할 것인지에 달려 있다.[56]

빅터 차는 또한 북한이 2003년 8월 6자회담 첫 회의에서 핵무기를 갖고 있고 미국이 북한에 대한 안전을 보장하지 않으면 보유하고 있는 핵무기를 실험할 수 있다는 입장을 밝혔다고 하였다.[57] 이러한 북한의 위협은 이수혁 전 6자회담 한국 수석대표(외교부 차관보 및 주

---

55 Victor Cha and David Kang, 「The Debate over North Korea」, Political Science Quarterly 119. 2(2004), p. 229-254.

56 2003년 8월부터 2005년 1월까지 한국의 6자회담 수석대표를 지낸 이수혁 외교부 전 독일 대사에 따르면, 2004년 6월 제3차 6자회담 기간 중에 있었던 미-북 양자회담 시 미국 측이 이근 부국장의 해당 발언을 제기하자 북한 김계관 부상은 동 발언이 '전술적 발언'이었다고 언급하였다고 한다. 다음을 보라. 이수혁, 『북한은 현실이다』(서울: 21세기 북스, 2011), p. 93-94.

57 앞의 글.

독일 대사 역임)에 의해서도 확인되고 있다. 2003년 8월 제1차 6자 회담 당시 북한 수석대표인 김영일 외무성 부상이 북한은 핵 억지력이 있고 미국이 북한에 대한 적대시 정책을 변경하지 않는다면 북한은 부득불 핵무기를 실험하고 핵무기 운반수단을 공개하는 길로 나아갈 수밖에 없다는 요지로 발언하였다고 이수혁 대표는 소개하였다.[58]

북한의 핵무기 제조 시점이 1990년대일 가능성을 엿볼 수 있는 정황도 있다. 1997년 한국으로 망명한 황장엽 북한 전 노동당 국제담당 비서는《미국의 소리(VOA)》와의 인터뷰에서 1994년 "당 군수담당 비서인 전병호가 나에게 말하기를 지하 핵실험 준비가 되어 있고 김정일의 승인을 기다리는 중이라고 하였다."고 밝혔다.[59] 황장엽은 김정일이 당시 핵실험을 행동으로 옮기지 않은 것은 미국과의 제네바합의 협상이 진행 중인 정치적 상황을 고려하였기 때문이라고 하였다.[60]

북한 핵폭탄을 직접 눈으로 봤다는 목격담도 있다.《뉴욕타임스지》는 2004년 4월 12일 미 정부 관리의 말을 인용하여 "파키스탄의 압둘 카디르 칸(Abdul Qadeer Khan) 박사가 1999년 북한을 방문하였을 때 〔평양으로부터 차로 약 1시간 떨어진〕 비밀 지하 핵 시설에서 3개의

---

58 이수혁, 『전환적 사건』(중앙 books, 2008), p. 109.

59 Voice of America, "N. Korea Defector says Pyongyang Had Nuclear Weapons Before 1994 Agreement with the US", 20 June 2004. 참고로, 전병호는 북한 핵 개발의 주역으로 알려져 있으며 2014년 7월 9일 그가 사망하자 김정은이 직접 조문하였고 북한 당국은 부고에서 전병호에 대해 "우리 조국을 인공 지구위성 제작 및 발사국, 핵보유국으로 전변시키는 데 특출한 공헌을 했다."고 밝혔다.

60 앞의 글.

핵 장치(nuclear devices)를 보았다."는 진술을 하였다고 보도하였다.[61] 이 보도에 따르면, 북한 측은 칸 박사에게 해당 3개의 핵 장치가 '플루토늄 장치'라고 설명하였고 칸 박사는 그것들이 '완성된 핵무기(full weapons)'로 보였다고 한다.[62] 북한 핵무기 목격에 관한 칸 박사의 이 에피소드는 2009년 12월 28일 《위싱턴포스트》에도 보도되었다.[63]

칸 박사의 북한 핵무기 목격담이 사실이 아닐 수 있다는 이야기도 있다. 헤커(Hecker) 미 스탠포드 대학 교수는 자신이 북한 방문 당시 리근 북한 외무성 대사에게 관련 사항을 문의하였는데 리근 대사는 "칸 박사가 거짓말을 한 것이고, 북한은 칸에게 핵무기를 보여 준 적이 없다."고 답하였다고 자신의 책에서 소개하였다.[64] 북한 외무성이 극비리에 추진되어 온 핵무기프로그램에 어느 정도 관여할 수 있었을지 의문이고, 칸 박사의 1999년 방북 활동의 내밀한 내용까지는 모를 수 있으므로 리근 대사의 발언이 반드시 진실이라고 단정할 수는 없다.

북한 인사의 발언과 발표에 주로 의존해서 판단해야 하는 한계는 있지만 지금까지 소개된 이 모든 정황들은 북한 정권이 아주 오래 전부터[65] 핵 개발에 천착했다는 것을 말해 준다. 북한 김일성이 한국 전

---

61   David E. Sanger, "Pakistani Says He Saw North Korean Nuclear Devices", 《The New York Times》, 12 April 2004.

62   앞의 글.

63   "Pakistan scientist depicts more advanced nuclear program in North Korea", 《The Washington Post》, 28 December 2009.

64   시그프리드 헤커(천지현 역), 『핵의 변곡점』(창비, 2023), p. 149.

65   북한이 1950년대 말부터 영변에 핵연구 단지를 조성한 일, 1964년 중국이 핵무기 실험에 성공하자 중국에 핵무기 기술 지원을 요청한 사실, 60년대 구소련으로부터 연

쟁 기간 중 미국의 핵무기가 지니는 심리적 위력을 절감하였고 그 이후부터 핵무기 개발에 나선 과정은 2016년 한국으로 망명한 태영호 전 영국 주재 북한 대사관 공사가 쓴 책에 잘 소개되어 있다.[66]

구용 원자로를 도입한 경위, 1970~80년대 체코슬로바키아 등 동구권 국가들로부터 핵 관련 기술 도입을 시도한 정황 등 북한 정권의 핵개발과 관련한 초기 동향은 송민순 전 외교부 장관의 회고록에 잘 소개되어 있다. 송민순, 『빙하는 움직인다: 비핵화와 통일 외교의 현장』(창비, 2016), p. 25-26.

66 태영호, 『3층 서기실의 암호』(기파랑, 2018).

2. 핵보유국 주장의 서곡: 2005년 2월 10일 선언

북한 안보 정책의 큰 흐름 중 하나는 핵보유국이 되기 위한 쉼 없는 노력이라고 할 수 있다. 2015년 2월이 되자 북한은 핵보유국 주장의 서곡을 펼치기 시작한다. 앞서 설명한대로 북한의 실제 핵무기 개발 시점은 2000년대보다는 훨씬 이전이었을 것으로 합리적으로 추정된다. 그럼에도 불구하고 북한 정권이 선택한 핵무기 보유 대외 공개 시점은 2005년 2월 10일이었다.

북한은 2005년 1월 20일 출범한 미국의 2기 부시 행정부가 북한을 '폭정의 전초기지(outpost of tyranny)'로 지칭하는 등 자신을 무장 해제하고 정권 교체를 추구한다고 반발하면서, 2005년 2월 10일 외무성 성명을 통해 6자 회담에의 무기한 불참을 선언하였다.[67] 이와 함께 북한은 '자위를 위해서 핵무기를 만들었고, 핵 무기고를 늘리기 위한 대책을 취할 것'이라고 하였다.[68] 그리고 자신의 핵무기는 "어디까지나 자위적 핵 억제력으로 남아 있을 것이다."라고 하였다.[69] 북한은 그러면서도 "조선반도를 비핵화하려는 〔자신들의〕 최종 목표에는 변함이 없다."고 하였다.[70]

북한은 핵무기 보유 선언을 하게 된 배경에 대해 2005년 3월 2일 장문의 외무성 비망록을 통해서 설명하였는데 자신들의 핵무기 개발 행위는 핵비확산조약(NPT)을 탈퇴하여 NPT 밖에서 이루어졌기 때문

---

67 "조선 외무성 2기 부쉬 행정부의 대조선 적대시 정책에 대처한 입장 천명 6자 회담 참가를 무기한 중단", 《조선중앙통신》, 2005년 2월 11일.

68 앞의 글.

69 앞의 글.

70 앞의 글.

에 정당하다고 하였다.[71] 이 비망록에서 북한은 자신들이 리비아와 이란 등에 육불화우라늄(UF$_6$)[72] 등 핵 관련 물질을 이전하였다는 의혹에 대해 "우리는 이란이든 리비아든 그 어느 나라와도 핵 분야에서는 어떠한 거래도 진행한 것이 없다."고 관련 혐의를 부인하였다.[73]

또한 북한은 1999년 9월 미국과 합의했던 미사일 발사 모라토리움에도 구속을 받지 않겠다고 하였다.[74] 핵 보유를 공개적으로 선언한 이후 북한은 2005년 3월 31일 "우리가 당당한 핵보유국이 된 지금에 와서" 6자 회담도 종전 북한의 비핵화를 논의하던 것에서 탈피하여 참가국들 간 "군축 회담이 되어야 한다."고 주장하였다.[75] 북한의 이 같

---

71 "조선민주주의 인민 공화국 외무성 비망록(전문)",《조선중앙통신》, 2005년 3월 3일.
72 육불화우라늄(UF6)은 핵무기용 고농축우라늄(HEU: highly enriched uranium)을 만들기 위한 필수 중간 단계 물질이다.
73 각주 71번, 북한 외무성 비망록. 그러나, 핵 확산 활동 의혹에 대한 북한의 부인에도 불구하고 국제원자력기구(IAEA)는 2011년도 IAEA 총회 앞 사무총장 북핵 보고서에서 "리비아가 핵 암거래망으로부터 수입한 육불화우라늄 실린더 3개 중 대용량 실린더 1개는 북한이 출처일 개연성이 크다."고 하였다. 또한, 크리스토퍼 힐 전 미국 북핵 6자 회담 수석대표는 그의 자서전에서 김계관 북한 수석대표에게 시리아 핵시설 현장에 영변 원자력총국장 등 북한인들이 있는 사진을 보여 주며 북한을 압박한 바 있다고 소개하고 있다. 각각 다음을 보라. IAEA, "Application of Safeguards in the Democratic People's Republic of Korea, Report by Director General, IAEA Board of Governors General Conference, GOV/2011/53-GC(55)24", 2 September 2011. Christopher R. Hill, 『Outpost: Life on the Frontlines of American Diplomacy: A Memoir』(New York: Simon & Schuster, 2014), p. 274-276.
74 각주 71번, 북한 외무성 비망록.
75 "외무성 대변인 담화 6자 회담은 비핵화, 군축 회담으로 되어야 한다",《조선중앙통신》, 2005년 4월 1일.

은 입장 발표는 앞으로 '핵보유국' 관련 주장을 강화해 나가겠다는 서곡과도 같은 것이었다.

3. 6자 회담의 진전과 결렬, 그리고 핵보유 시현(첫 핵실험)

2003년 8월 시작된 6자 회담은 우여곡절은 있었지만 2년간의 협상을 통해 북한의 핵무기 포기 공약인 2005년 9.19 공동성명을 이끌어 내는 데 성공하였다. 6자 회담의 협상 과정에 대해서는 송민순 전 외교부 장관의 회고록에 잘 소개되어 있다.[76] 북한은 9.19 공동성명[77]을 통해 '모든 핵무기와 현존 핵프로그램을 포기할 것과 NPT와 IAEA 안전조치에로 조속히 복귀'할 것을 약속하였다. 이어서 북한은 2007년 2.13 합의[78]와 10.3 합의[79]를 통해 9.19 공동성명 상의 비핵화 공약 이행을 위해 영변 핵 시설의 폐쇄와 불능화 조치를 실시하였다. IAEA는 2차 북핵 위기로 인해 2002년 12월 말 북한을 떠난 이후 4년 반 이상이 지난 2007년 7월 6자 회담이 부여한 임무 수행을 위해 북한으로 복귀하였다. 앞서 언급된 3개의 합의문(9.19 공동성명, 2.13 합의, 10.3 합의)에 의거하여 북한 비핵화는 2008년 6월 북한의 핵프로그램 신고서 제출, 영변 5MW 원자로 냉각탑 폭파 등과 같은 어느 정도의 진전을 거두었다.

그렇지만, 북한 신고서에 대한 검증 문제[80]를 두고 회담은 결렬되었

---

76 송민순, 『빙하는 움직인다: 비핵화와 통일외교의 현장』(창비, 2016).

77 Ministry of Foreign Affairs of the Republic of Korea, "Joint Statement of the Fourth Round of the Six-Party Talks Beijing 19 September", 19 September 2005.

78 Ministry of Foreign Affairs of the Republic of Korea, "Initial Actions for the Implementation of the Joint Statement 13 February 2007", 13 February 2007.

79 Ministry of Foreign Affairs of the Republic of Korea, "Second-Phase Actions for the Implementation of the Joint Statement 3 October 2007", 3 October 2007.

80 북한은 2008년 제63차 유엔 총회 기조연설에서 해당 검증 문제와 관련, 미국이 주장하는 '국제적 기준'에 따른 사찰은 사실상 1990년대 자신을 NPT에서 탈퇴하도록 만

고 2008년 12월 이후 2024년 현 시점까지 6자 회담은 재개되지 못하고 있다. 농축 활동 누락 등 북한 신고서의 문제점에 대해서는 모하메드 엘바라데이(Mohamed ElBaradei) 전 IAEA 사무총장이 그의 자서전에서 정확하게 지적하고 있다.[81]

참고로 국가들이 IAEA에 핵 활동을 신고하는 데 있어서 '정확성(correctness)'과 '완전성(completeness)'이 요구되는데, '정확성'이란 신고 내용에 오류가 없어야 한다는 것이고 '완전성'이란 숨기는 내용이 없어야 한다는 것이다. 엘바라데이 전 사무총장이 북한의 2008년 12월 신고에 대해 특히 문제가 있다는 본 것은 '완전성'에 관한 것이다. 노무현 정부 시절 외교안보수석을 지낸 천영우 외교부 전 대사는 6자 회담이 결국 종말을 맞은 것은 북한 정권이 비밀리에 개발하여 운영 중인 농축우라늄프로그램에 대한 신고와 신고에 대한 검증 허용 문제에 협조하지 않았기 때문이라고 하였다.[82]

북한은 6자 회담 협상이 진행 중임에도 불구하고, 이근 외무성 부

든 IAEA의 '특별사찰'과 다름없다고 미국을 비판하였다. See United Nations, General Assembly of the United Nations, "General Debate of the 63rd Session, Saturday, 27 September 2008, Democratic People's Republic of Korea-H. E. Mr. Pak Kil Yon, Vice-Minister for Foreign Affairs."

81   엘바라데이 사무총장은 북한의 신고서를 읽어 보자마자 신고 내용이 미비하다는 것을 알 수 있었다면서, 신고서에 생산한 플루토늄 양만 포함되어 있었고, 핵무기프로그램 관련 내용과 핵무기 수량, 그리고 당시 핵심 의혹 대상인 우라늄 농축 활동에 대한 정보는 포함되어 있지 않았다고 하였다. 다음을 보라. Mohamed ElBaradei, 『The Age of Deception』(New York: Metropolitan Books, 2011), p. 107.

82   "천영우의 외교안보 59회, 비핵화 협상 비화(2): 농축을 둘러싼 남북 간 막후 담판", YouTube video, 2020년 7월 25일.

국장이 2003년 4월 북-미-중 3자 협의 때 미 국무부 켈리 차관보에게 시사한 바 있는 핵실험을 2006년 10월 9일 실시하였다.[83] 북한의 10.9 핵실험은 미국의 애국법(Patriot Act) 311조에 따라 방코델타아시아(BDA)에 동결된 약 2,500만 달러의 북한 계좌 문제에 대한 반발 성격이 컸다. 북한은 이 핵실험이 자신의 핵 보유를 실물로 입증하는 것이라면서 핵 선제 불사용, 핵 이전 불허, 핵군축 노력에의 동참 등 핵보유국 자격을 전제로 한 여러 가지 입장을 내놓았다.[84] 북한은 비록 자신들이 미국의 핵 위협과 제재 압력 때문에 "핵시험을 하였지만 대화와 협상을 통한 조선반도의 비핵화 실현 의지에는 여전히 변함이 없다. 전 조선반도의 비핵화는 … 김일성 주석의 유훈이며 우리의 최종 목표이다."라고 하였다.[85]

---

83 "지하 핵시험 성공",《조선중앙통신》, 2006년 10월 10일.

84 "조선 외무성 성명 자위적 전쟁 억제력 새 조치, 앞으로 핵시험을 하게 된다",《조선중앙통신》, 2006년 10월 4일.

85 "조선 외무성 미국이 압력을 가중시킨다면 선전포고로 간주한다",《조선중앙통신》, 2006년 10월 12일.

4. 2차 핵실험과 핵 포기 불가 의사 천명

북한 핵 문제에 관한 통념 중의 하나는 북한이 미-북 관계 정상화에 호응하여 비핵화의 길로 나올 수 있다는 것이었다. 그런데 2009년 1월 북한은 미국과의 관계 정상화보다 핵 무장이 우선한다는 내용의 주장을 하였다. 북한은 "관계 정상화와 핵 문제는 철두철미 별개이다. 우리가 갈망하는 것이 있다면 조미 관계 정상화가 아니라 핵 억제력을 백방으로 강화하는 것이다."라고 하였다.[86] 미-북 관계 정상화와 비핵화에 관한 북한의 화법을 양자택일적으로 이해하고 해석할 필요는 없다. 그렇지만 핵 문제에 관한 북한의 인식, 전략, 셈법이 기존의 국제적 통념과 상이할 수 있다는 것을 아는 것이 중요하다.

북한은 2009년 4월 5일 대포동 2호인 은하 2호 발사 시험을 하였다. 이에 대해 안보리가 규탄과 제재 조치를 담은 의장성명[87]을 채택하자, 북한은 이를 전면 배격하면서 안보리가 사과하지 않으면 '핵실험과 대륙간 탄도미사일 발사 시험'을 포함한 '추가적인 자위적 조치들'을 취하겠다고 경고하였다.[88] 북한은 또한 "경수로 발전소 건설을 결정하고 그 첫 공정으로서 핵연료를 자체로 생산 보장하기 위한 기술 개발을 지체 없이 시작할 것이다."라고 하였다.[89] 나아가 자신들은 "6자 회담의 그 어떤 합의에도 더 이상 구속되지 않을 것이고", "6자 회담 합의

86 "조선 외무성 미국과의 관계정상화 문제와 핵문제는 별개의 문제", 《조선중앙통신》, 2009년 1월 17일.

87 Security Council, "Statements made by the President of the Security Council in 2009, S/PRST/2009/7", 13 April 2009.

88 "조선 외무성 성명 유엔 안보리 사죄 없으면 추가적 자위조치", 《조선중앙통신》, 2009년 4월 29일.

89 앞의 글.

에 따라 무력화되었던 핵 시설들을 원상 복구하여 정상가동하는 조치가 취해질 것이며 그 일환으로 시험 원자력 발전소〔5MW 원자로〕에서 나온 폐연료봉들이 깨끗이 재처리될 것이다."라고 하였다.[90]

예전의 핵 활동 관련 북한 발표와 비교하여 이번 발표에서 특별히 주목되는 것이 있다. 그것은 비록 북한이 '우라늄 농축'이라는 단어 자체는 사용하지 않았지만, 우라늄 농축 기술이 전제되어야 하는 자체 핵연료 생산 계획을 밝힘으로써 농축프로그램에 대한 의도를 드러내었다는 점이다.

대포동 2호 발사 시험의 여파로 국제원자력기구(IAEA) 사찰 팀은 2002년 12월 31일에 이어 2009년 4월 16일 또 다시 북한을 떠나야 했다.[91] 그 이후 2024년 현재 시점까지 15년이 넘도록 IAEA 사찰관들은 북한에 들어가지 못하고 있고 북한의 핵 활동은 위성 관측을 제외하고는 IAEA의 감시와 검증에서 벗어나 있다.[92] 다시 말해, 핵 시설과 핵 활동의 감시 역할을 하는 IAEA 사찰관이 현장에서 추방됨으로써 북한 핵 활동에 대한 국제 사회의 가장 직접적인 지식이 장기간 단절되

---

90 "조선 외무성 성명 6자 회담은 필요 없게 되었다",《조선중앙통신》, 2009년 4월 14일.

91 IAEA, "Application of Safeguards in the Democratic People's Republic of Korea(DPRK), Report by Director General, IAEA Board of Governors General Conference, GOV/2009/45-GC(53)13", 30 July 2009.

92 2014년도 IAEA 사무총장의 총회 앞 북핵 보고서는 "2009년 4월 이래 IAEA는 북한에 대해 어떠한 안전조치도 이행할 수가 없다."고 기술하고 있다. IAEA, "Application of Safeguards in the Democratic People's Republic of Korea, Report by Director General, IAEA Board of Governors General Conference, GOV/2014/42-GC(58)21", 3 September 2014.

고 있는 것이다.

북한은 2009년 5월 25일 2차 핵실험을 계기로 그때까지 모호성을 유지해 오던 우라늄 농축프로그램에 관한 자신의 의도를 공개적으로 드러내기 시작했다. 북한은 2차 핵실험에 대해 안보리가 2009년 6월 12일 결의 1874호[93]를 채택하여 제재를 강화하자 외무성 성명을 통해 "이제 와서 핵 포기란 절대로, 철두철미 있을 수 없는 일로 되었으며 우리의 핵무기 보유를 누가 인정하는가, 마는가 하는 것은 우리에게 상관이 없다."면서 핵무기프로그램 포기 불가 의사를 천명하였다.[94]

아울러, 북한은 플루토늄 재처리뿐만 아니라 우라늄 농축 기술도 앞으로 핵무기프로그램에 동원할 수 있다고 강하게 암시하였다. 북한 외무성은 "새로 추출되는 플루토늄 전량을 무기화"하고, "우라늄 농축 작업에 착수"하며, "우라늄 농축 기술 개발이 성공적으로 진행되어 시험 단계에 들어섰다."고 밝혔다.[95] 북한은 2009년 9월 신선호 당시 주유엔 북한 대사의 안보리 의장 앞 서한을 통해 "우라늄 농축이 성공적으로 진행되어 결속〔마무리〕단계에 들어섰고, 폐연료봉의 재처리가 마감 단계에서 마무리되고 있으며 추출된 플루토늄이 무기화되고 있다."고 하였다.[96] 2009년 11월 북한은 "추출된 플루토늄을 조선의 핵

---

93   Security Council, "Resolutions adopted by the Security Council in 2009, S/RES/1874 (2009)", 12 June 2009.

94   "조선 외무성 성명 플루토늄 전량 무기화, 우라늄 농축 작업 착수", 《조선중앙통신》, 2009년 6월 13일.

95   앞의 글.

96   "유엔 주재 조선 상임대표 안보리 의장에게 편지", 《조선중앙통신》, 2009년 9월 4일.

억제력 강화를 위해 무기화하는 데서 주목할 만한 성과가 이룩되었
다."고 밝혔다.[97]

---

97 "조선에서 폐연료봉 재처리 완료",《조선중앙통신》, 2009년 11월 3일.

5. 농축프로그램: 기만과 은폐도 불사한 집요한 추구

핵무기 개발의 경로에는 플루토늄 재처리와 우라늄 농축, 두 가지가 있다. 북한이 시작 단계에서부터 재처리와 농축, 두 가지 경로를 동시에 추구하였는지, 아니면 플루토늄 경로부터 시작하고 그 이후 어느 시점에 우라늄 농축 경로를 추가하였는지는 현재까지 밝혀진 바는 없다. 그럼에도 분명한 한 가지 사실은 북한 정권이 국제 사회를 지속적으로 속이면서 집요하게 농축프로그램을 개발하였다는 점이다.

북한은 자신의 농축 활동이 2005년 6자 회담에서 채택된 9.19 공동성명 및 대북 안보리 결의상의 비핵화 의무 위반이라는 미국, 한국 등 국제 사회의 주장을 받아들이지 않는다.[98] 북한은 "우리의 자립적인 경수로 건설과 그 연료 보장을 위한 농축우라늄 생산은 전력 생산을 위한 평화적 활동이다. 〔원자력의〕 평화적 이용 권리는 핵무기전파방지조약 안팎의 나라들이 다 같이 실제로 행사하는 국제적으로 공인된 권리이다."라고 주장한다.[99] 북한은 자신의 우라늄 농축 활동의 원인 제공자가 미국이라고 책임을 전가한다. 다시 말해, 자신들이 자체 경수로를 건설하고 우라늄 농축 공장을 가동한 것은 미국이 1994년 미·북 제네바 합의에 따른 경수로 제공 약속을 저버렸기 때문이라는 것이다.[100]

북한의 우라늄 농축프로그램에 대해 잠시 살펴보면 다음과 같다.

98 "조선 외무성 평화적 핵 활동 비법화 시도에 대응조치 강조",《조선중앙통신》, 2011년 11월 30일.

99 앞의 글, "조선 외무성 미국의 핵활동 구실로 한 대화 제안 회피를 비난",《조선중앙통신》, 2010년 12월 16일.

100 "노동신문《신의 없는 행위, 응당한 귀결》-핵에네르기 개발 이용",《조선중앙통신》, 2010년 12월 29일.

우선 북한의 농축프로그램 및 관련 활동은 비록 북한은 그 합법성을 주장하지만 안보리 결의의 명백한 위반이다.[101] 북한은 마치 농축 관련 활동을 2008년 12월 6자 회담이 파국을 맞은 이후 2009년 4월부터 착수한 것마냥 주장하였다.[102] 북한이 2010년 11월 헤커(Hecker) 미 스탠포드 교수 일행에게 보여 준 농축 공장 그 자체는 국제원자력기구(IAEA) 보고서[103]가 기술한 것처럼, IAEA 사찰관이 2009년 4월 16일 영변 핵 단지를 떠난 이후에 기존의 핵연료제조공장(Nuclear Fuel Rod Fabrication Plant)을 개조하여 만든 것으로 보인다. 그렇지만, 공개된 영변 핵 단지 내 농축 공장만이 아닌 우라늄 농축프로그램의 전모에 대해서는 그 시작점이 언제인지를 포함하여 프로그램의 규모, 가동 상황, 산출물, 비밀 시설 존재 여부 등 많은 것들이 미상이다.

북한의 농축 문제가 수면 위로 떠오른 것은 2002년 10월 제임스 켈리(James Kelly) 미 국무부 동아태 차관보의 방북 때 북한이 농축프로

---

101 안보리 결의 2094호 본문 5항은 우라늄 농축을 포함하여 북한에서 진행 중인 모든 핵 활동이 기존 관련 안보리 결의 위반이라고 하고 모든 관련 활동을 즉각 중단하도록 하고 있다. 안보리 결의는 유엔 홈페이지 내 안보리 섹션에 문서(documents)란에 연도별로 게재되어 있다. 결의 2094호는 2013년도 리스트에 있다.

102 2010년 11월 영변 핵 단지 내 농축우라늄 공장을 방문한 헤커 박사는 방문 결과를 설명하면서 "우리는 그들로부터 2009년 4월에 건설을 시작했다고 들었다."라고 했다. See Siegfried S. Hecker, 「A Return Trip to North Korea's Yongbyon Nuclear Complex」, Center for International Security and Cooperation, Stanford University, November 20, 2010.

103 IAEA, "Application of Safeguards in the Democratic People's Republic of Korea, Report by Director General, IAEA Board of Governors General Conference, GOV/2011/53-GC(55)24", 2 September 2011.

그램의 존재를 그들만의 독특한 화법으로 시인하면서부터이다.[104] 그런데 북한이 당시 농축우라늄 존재를 시인하였는지는 지금까지도 불명확하다. 이 문제와 관련하여 2003년 8월 27일 북경에서 개최된 제1차 6자 회담 전체회의 때 북한 수석대표인 김영일 외무성 부상은 다음 요지로 발언한 것으로 전해진다. "북한은 농축우라늄 비밀 계획이 없다. 그런데도 2002년 10월 켈리 차관보가 관련된 증거는 제시하지도 않으면서 무례하고 강압적인 태도를 보여 북한은 농축우라늄에 의한 핵무기 개발 계획보다 더한 것도 가질 권리가 있다고 하였다."[105]

북한은 2002년 10월 훨씬 이전부터 농축프로그램과 관련된 해외 조달 활동을 한 것으로 알려져 있다. 올리 하이노넨(Olli Heinonen) 전 IAEA 핵사찰·검증 담당 사무차장은 북한이 "1980년대 후반부터 2000년대 초반까지 진공 펌프, 밸브, 머레이징강 등 농축과 관련된 다양한 장비를 해외에서 구매해 왔다."고 밝혔다.[106] IAEA 사무국도 2011년도 IAEA 총회 앞 북핵 보고서에서 "북한이 광범위한 공급자들로부터 농축프로그램에 적합한 물질과 장비의 구매를 시도한 정보가 있다."고 하였다.[107]

---

104 이후 북한은 2005년 3월 농축프로그램 존재를 부인하였다. "조선민주주의인민공화국 외무성 비망록(전문)", 《조선중앙통신》, 2005년 3월 3일.

105 이수혁, 『전환적 사건』(중앙 books, 2008), p. 100.

106 Olli Heinonen, "Nuclear Proliferation Concerns-The North Korea Case", 미 하버드대학 Belfer Center 영상 2 November 2012.

107 IAEA, "Application of Safeguards in the Democratic People's Republic of Korea, Report by Director General, IAEA Board of Governors General Conference, GOV/2011/53-GC(55)24", 2 September 2011.

북한이 1980년대에 이미 시범적인 농축프로그램을 진행했을 개연성을 말해 주는 정황도 있다.[108] 북한 정권이 1980년대 말부터 국가 과학발전 중기 계획에 우라늄 농축에 관한 연구를 포함시켜 진행하였음을 보여 주는 국내 연구도 있다.[109] 북한 농축프로그램의 연혁, 관련 장비의 해외 조달 사례, 6자 회담 과정에서의 북한 정권의 기만 전략 등에 대해서는 천영우 전 6자 회담 수석대표가 두 번에 걸친 유투브 영상을 통해 상세 소개하고 있는데[110][111], 북한의 농축 문제를 전반적으로 이해하는 데에 매우 유용하다.

1998년 6월 7일 파키스탄 수도 이슬라마바드 고급 주택가에서 첩보 영화에서나 나올 법한 사건이 발생하였다. 파키스탄 주재 북한 대사관에 근무하는 강태윤 경제 참사관의 부인 김신애가 괴한의 총탄에 맞아 사망하였다. 그 사건을 둘러싸고 김신애가 파키스탄과 북한 간의 핵 기술 거래에 관한 정보를 서방 정보당국에 넘기려다가 발각이

108　헤커(Hecker) 박사는 2004년 1월 자신이 존 루이스 등 일행과 방북하였을 당시 존 루이스가 북한 관계자들로부터 북한이 1980년대에 네덜란드 유렌코(Urenco) 그룹에서 구매한 원심분리기를 통해 소규모 우라늄 농축 시범 프로그램을 진행했다는 이야기를 들었다고 소개하고 있다. 다음을 보라. 시그프리드 헤커(천지연 역), 『핵의 변곡점』(창비, 2023), p. 116.
109　이춘근, 『북한의 핵패권: 사회주의 핵개발 경로와 핵전술 고도화』(인문공간, 2023), p. 226-228.
110　"천영우의 외교안보 58, 비핵화 협상에 얽힌 비화(1): 북한은 왜 우라늄 농축에 집착하나", YouTube video, 2020년 7월 19일.
111　"천영우의 외교안보 59, 비핵화 협상 비화(2): 농축을 둘러싼 남북간 막후 담판", YouTube video, 2020년 7월 25일.

되어서 북한 비밀요원에 의해서 암살당했다는 설이 파다하였는데[112] 사건의 정확한 실체는 밝혀지지 않았다. 해당 사건과 관련하여 북한 비밀 요원이 아니라 인도의 저격수들이 개입하였다는 설도 있고[113], 사건의 발단이 파키스탄-북한 간 핵 기술 거래가 아닌 남편 강태윤의 주류 밀매에 따른 현지인과의 원한 관계 때문이었다는 설[114]도 제기되었다. 아무튼 1990년대 들어 북한과 파키스탄 간 우라늄 농축 관련 거래 의혹이 대두되었는데 김신애 피살 사건이 우라늄 농축 거래와 관련이 있었는지는 언젠가는 규명되어야 할 사안이다.

북한의 농축프로그램이 세상의 큰 주목을 받게 된 것은 2004년 파키스탄 압둘 카디르 칸(Abdul Qadeer Khan) 박사의 국제 핵 암거래망이 드러났을 때였다. 무샤라프(Mucharraf) 전 파키스탄 대통령은 자신이 진두지휘한 칸 박사 사건의 조사 결과를 그의 자서전『In The Line of Fire』에서 소개하였는데 관련 내용은 다음과 같다. "칸 박사는 북한에게 약 24개의 P-1, P-2 원심분리기를 이전하였다. 그는 또한 원심분리기용 유량계(flowmeter), 특수 오일(special oil), 그리고 일급 보안인 원심분리기 공장 현장 방문을 포함한 원심분리기 기술지도(coaching)를 제공하였다."고 밝혔다.[115]

크리스토퍼 힐(Christopher Hill) 전 미국 북핵 6자 회담 수석대표는 그의 자서전에서 북한의 우라늄 농축프로그램에 대하여 다음과 같

112 "1998년 파키스탄 북 외교관 부인 석연찮은 피살",《동아일보》, 2015년 5월 22일.

113 "인도 암살단은 왜 북한 외교관 부인을 저격했나",《신동아》, 2003년 1월 30일.

114 "98년 북 외교관 부인 피살, 주류 밀매 때문",《연합뉴스》, 2011년 7월 9일.

115 Pervez Musharraf,『In the Line of Fire』(New York: Free Press, 2006), p. 296.

이 언급하였다. 미국은 북한에게서 건네받은 '알루미늄 샘플'과 '1986년부터의 영변 핵시설 가동기록을 담은 약 8천 페이지 분량의 문서들'에서 '고농축우라늄 흔적(traces of highly enriched uranium)'을 발견하였다.[116] 북한 당국이 미국에게 자신 있게 건넨 핵 신고서와 알루미늄 봉으로부터 오히려 자신들이 그토록 숨기고자 했던 농축 활동의 증거가 포착되었을 때 얼마나 북한 당국이 당황하였을까?

이후 북한이 2010년 11월 방북한 헤커 박사 일행에게 2,000여 개 원심분리기가 설치된 영변 농축 시설을 공개함에 따라 북한의 우라늄 농축프로그램 보유는 엄연한 사실로 드러났다. 당시 북한은 헤커 박사에게 해당 시설이 저농축우라늄(LEU: low enriched uranium) 생산용이고 가동 중이라고 밝혔다고 한다.[117] 북한《노동신문》은 2010년 12월 29일 "경수로의 연료 보장을 위해 수천 대 규모의 원심분리기를 갖춘 현대적인 우라늄 농축 공장이 정상적으로 돌아가고 있다."고 보도하였다.[118] IAEA 사무총장의 2014년도와 2015년도 IAEA 총회 앞 북핵 보고서는 위성사진 판독 결과 "북한은 2013년 3월에 해당 건물의 확장 작업을 시작하였고[119], 2014년에도 확장 작업을 계속하여 … 해

---

116   Christopher R. Hill, 『Outpost: Life on the Frontlines of American Diplomacy: A Memoir』(New York: Simon & Schuster, 2014), p. 279-290.

117   Siegfried S. Hecker, "A Return Trip to North Korea's Yongbyon Nuclear Complex, Center for International Security and Cooperation, Stanford University, November 20, 2010."

118   "노동신문 평화적 핵에네르기 개발 이용은 세계적 추세",《조선중앙통신》, 2011년 11월 30일.

119   IAEA, "Application of Safeguards in the Democratic People's Republic of

당 빌딩의 크기가 두 배로 되었으며, IAEA는 위성 영상을 통해 해당 빌딩이 사용 중이라는 징후를 관찰하였다.”고 밝혔다.[120] IAEA는 헤커 박사와의 인터뷰를 토대로, “해당 공장 내 원심분리기의 배치와 원심 분리기 외피의 크기가 비밀 공급 네트워크〔A.Q. Khan 핵 암거래망〕이 유포시킨 설계도와 대체로 부합한다.”는 평가를 내렸다.[121]

　한편 국제 사회는 북한이 영변 이외에 다른 장소들에 비밀 농축 시설을 보유하고 있을 것으로 보고 있다. 유력한 의혹 장소 중의 하나가 평양 남서쪽 외곽에 소재한 강선 단지이다. 라파엘 그로시(Rafael Grossi) 국제원자력기구(IAEA) 사무총장은 2024년 6월 IAEA 정기 이사회 모두 발언에서 강선 단지 내 건물이 영변에 있는 농축 시설과 흡사한 구조적 특성을 갖고 있다고 하였다.[122] 2019년 2월 미국-북한 하노이 정상회담 당시 미국 측이 동 시설에 대해 북한 측에 제기한 것으로 전해진다. 이러한 의혹에도 불구하고 2024년 현재까지 북한 당국이 강선 농축 시설의 존재를 인정한 적은 없다.

Korea, Report by Director General, IAEA Board of Governors General Conference, GOV/2014/42-GC(58)21", 3 September 2014.

120　IAEA, "Application of Safeguards in the Democratic People's Republic of Korea, Report by Director General, IAEA Board of Governors General Conference, GOV/2015/49-GC(59)22", 26 August 2015.

121　IAEA, "Application of Safeguards in the Democratic People's Republic of Korea, Report by Director General, IAEA Board of Governors General Conference, GOV/2011/53-GC(55)24", 2 September 2014.

122　그로시 사무총장의 해당 발언은 IAEA 홈페이지(iaea.org) 이사회(Board of Governors) 섹션에 들어가면 확인할 수 있다.

6. 핵보유국 행세 시작: 2010년 4월 21일 비망록

북한 정권이 2011년까지는 '비핵화' 논의 가능성에 문을 닫은 것은 아니라고 할 수 있다. 왜냐하면 2009년부터 2011년까지의 신년 공동 사설에서 자기식의 한반도 비핵화 실현을 언급하고 있기 때문이다. 그렇지만, 2009년 5월 2차 핵실험 이후 전반적인 추세는 북한이 비핵화에서 점점 멀어지는 것이었다.

2010년에 접어들자 북한은 한반도 비핵화 과정이 엄중한 도전에 부딪쳐 기로에 놓여 있다고 하면서, 평화협정 체결 논의 없이 비핵화를 진전시키고자 했던 지난 6년간의 6자 회담 노력을 실패로 규정하였다.[123] 그러면서 북한은 차후로는 행동 순서를 바꾸어 평화협정 문제를 비핵화에 앞서 논의할 것을 제의하였다.[124] 북한의 평화협정 체결 공세는 그 자체로는 새로운 것이 아니다. 그렇지만 6자 회담 맥락에서 보면 회담의 구도를 종전 북한 비핵화 논의 중심에서 미국의 한국에 대한 핵우산 철폐 및 핵 군축 중심으로 변경하려는 의도를 내포하고 있다. 북한의 이러한 입장은 2012년 김정은이 집권한 이후부터 더욱 강화된다.

북한은 2010년 4월 21일 「조선반도와 핵」이라는 제목으로 사실상 자신을 핵보유국으로 자리매김하는 내용의 외무성 비망록을 발표하였다.[125] 이 비망록에서 북한은 "미국의 핵위협을 제거하기 위한 [북한의]노력은 세 단계를 거쳐 왔다."고 밝혔다.[126] 북한 주장에 따르면, 첫

---

123 "조선 외무성 성명 평화협정 회담을 제의", 《조선중앙통신》, 2010년 1월 11일.

124 앞의 글.

125 "조선 외무성 비망록《조선 반도와 핵》", 《조선중앙통신》, 2010년 4월 21일.

126 앞의 글. 북한의 비망록은 북한을 소극적 안전보장(negative security assurance)

번째 노력은 대화와 협상을 통한 동북아 비핵지대 창설안이었고[127], 두 번째는 핵비확산조약(NPT) 틀 내에서의 국제법과 국제기구를 통한 해결 노력이었는데, 이 두 가지 노력 모두 미국의 거부로 무산되었기 때문에 자신들은 부득불 '핵에는 핵으로 대항하는' 세 번째의 길을 택하였다는 것이다.[128] 북한이 언급한 첫 번째와 두 번째의 길이 문제 해결을 위한 진정성 있는 노력이었는지 아니면 세 번째 길인 핵무기 개발 노선을 은폐하기 위한 위장 전술이었는지는 판단하기 어렵다. 북한은 4.21 비망록에서 자신의 핵정책 요지를 다음과 같이 밝혔다.[129]

　"〔첫째,〕 조선민주주의인민공화국 핵무력의 사명은 조선반도와 세계의 비

대상에서 제외한 오바마 행정부의 2010년 4월 6일 「핵태세검토보고서(NPR: Nuclear Posture Review)」에 대응하는 측면도 있는 것으로 보인다.

127　북한이 주장하는 자신의 비핵지대 제안은, (i) 1959년 원자무기 없는 아시아 평화지대 설립 제안, (ii) 1981년 동북아 비핵지대 설립 제안, (iii) 1986년 한반도 비핵지대 설립 제안, (iv) 1986년 한반도내 핵무기의 시험, 생산, 저장, 반입 금지, 외국의 핵기지를 포함한 모든 군사기지 불허 및 외국 핵무기의 자국 영토, 영공, 영해 통과 금지에 관한 정부성명이다. 다음을 보라. "조선반도의 정세를 격화시키고 핵전쟁의 검은 구름을 몰아오고 있는 주되는 장본인은 미국이다",《노동신문》, 2015년 9월 7일.

128　"조선 외무성 비망록《조선 반도와 핵》",《조선중앙통신》, 2010년 4월 21일. 북한의 핵무기 개발 불가피성 논리는 한국전쟁 발발 70주년을 맞아 북한 외무성 군축 및 평화 연구소가 작성한 보고서에도 소개되었는데, 동 보고서는 미국의 핵위협을 제거하기 위해 북한이 대화를 통한 노력과 국제법을 통한 노력을 해 보았으나 수포로 돌아갔고 남은 마지막 유일 선택인 '핵에는 핵으로 대응하는' 길로 나아갔다고 밝혔다. 다음을 보라. "미국의 대조선 적대시 정책 철회는 조선반도의 평화와 안정을 위한 필수불가결한 선결조건",《조선중앙통신》, 2020년 6월 25일.

129　"조선 외무성 비망록《조선 반도와 핵》",《조선중앙통신》, 2010년 4월 21일.

핵화가 실현될 때까지의 기간에 나라와 민족에 대한 침략과 공격을 억제, 격퇴하는 데 있다. 〔둘째,〕 조선민주주의인민공화국은 핵보유국과 야합하여 우리를 반대하는 침략이나 공격 행위에 가담하지 않는 한 비핵국가들에 대하여 핵무기를 사용하거나 핵무기로 위협하지 않는 정책을 변함없이 견지하고 있다. 〔셋째,〕 우리는 다른 핵보유국들과 평등한 입장에서 국제적인 핵 전파 방지와 핵물질의 안전 관리 노력에 합세할 용의가 있다. 〔넷째,〕 우리는 필요한 만큼 핵무기를 생산할 것이지만, 핵 군비 경쟁에 참가하거나 핵무기를 필요 이상으로 과잉 생산하지 않을 것이다. 〔다섯째,〕 우리는 다른 핵보유국들과 동등한 입장에서 국제적인 핵군축 노력에 참가할 것이다.”

4.21 비망록은 북한이 당초 자신들이 주장해 온 핵무기 불추구 입장에서 핵무장으로 나아가게 된 책임을 미국에게 전적으로 전가하면서 핵 보유를 기정사실화하고, 핵무기를 계속 생산하면서 핵보유국으로 행세하겠다는 의도를 담은 것으로 판단된다. 북한의 이러한 의도는 2013년 4월 1일 '자위적 핵보유국 지위 공고화에 관한 법령' 공표를 통해 보다 더 분명하고 구체적으로 드러난다. 이 법령 관련 사항은 후술한다.

북한의 핵무장 야망은 핵비확산조약(NPT)과 국제원자력기구(IAEA) 핵 사찰에 대한 태도에서도 드러난다. 북한은 자신들은 NPT와 IAEA 핵 사찰 규범 밖에 있기 때문에 국제 사회가 북한의 핵무기 개발과 보유를 문제 삼을 수 없고 또 설령 문제를 삼는다 하더라도 북한은 하등 개의치 않겠다는 입장이다. 북한은 IAEA에 대해서도 자신들의 핵 활동이 평화적인 목적에 국한되었을 당시에는 IAEA의 사찰·검증 권능이 적용될 여지가 존재하겠지만 북한이 핵보유국이 된 상황에서는 IAEA의 권능은 더 이상 유효하지 않다고 주장한다.[130]

북한은 2005년 9.19 공동성명에서 NPT 복귀를 약속하였지만 그 이후부터는 NPT와는 분명한 선을 긋고 있다. 북한은 2010년 NPT 평가회의에서 많은 당사국들이 자신의 NPT 탈퇴를 문제 삼은 것과 관련하여, "우리는 이제는 조약(NPT) 밖에 있는 나라로서 그에 개의치 않는다. 핵무기를 가지지 않겠다는 그 어떤 의무에도 구속되지 않는다. 우리는 그 누구에게서 핵보유국으로 인정받을 것을 바라지 않으며 그럴 필요를 느끼지 않는다."고 하였다.[131]

북한은 NPT가 최대 핵보유국인 미국의 세계 제패 정책을 유지시켜주는 수단이고 가장 불평등한 조약이라고 주장한다.[132] 북한은 미국이 이스라엘의 핵무기 획득은 방조하고, 핵무장화가 우려되는 일본의 핵활동에 대해서는 문제 삼지 않는 반면, 이란의 평화적 핵 활동은 오히려 핵무기 개발로 오도하는 등 이중 기준을 적용하고 있다고 비판한다. 또한, 북한은 미국이 비핵 국가들을 핵무기로 위협하지 않아야 하는 NPT의 의무에도 불구하고 북한의 자주권과 생존권을 핵으로 위협하고 있다면서, NPT는 자신들에게 아무런 도움이 되지 않는다는 입

---

130 "조선외무성 대변인 공화국의 경수로 건설을 부당하게 걸고든 미국과 국제원자력기구를 규탄",《조선중앙통신》, 2012년 9월 5일.

131 "조선 외무성 핵 억제력을 확대 강화해 나갈 수 있는 권리를 가지고 있다",《조선중앙통신》, 2010년 5월 24일.

132 "미국이야말로 핵전파, 핵 군비 경쟁의 장본인이다",《노동신문》, 2014년 10월 14일.

장이다. 북한은 "미국의 기만적이고 불공평한 핵 정책은 … 그 피해국 들로 하여금 어쩔 수 없이 미국이 의거하고 있는 핵 우세, 핵무기전파 방지조약을 없애 버리는 데로 지향하게 하고 있다."고 주장한다.[133]

그런데 북한은 자신이 핵보유국이라고 주장하지만 이는 국제적으로는 용인이 되지 않는다. 왜냐하면 유엔 안전보장이사회 결의, IAEA 연례 총회 북핵 결의, NPT 평가회의 결정 등은 북한이 핵보유국 지위 (the status of a nuclear-weapon state)를 가질 수 없다는 점을 명시하고 있기 때문이다.

한편, 북한은 2010년 5월 12일 "조선의 과학자들이 핵융합 반응을 성공시키는 자랑찬 성과를 이룩하였다."고 발표하였다.[134] 해당 발표의 진위 여부와 실제 실험이 있었다면 그 성격이 무엇인지에 대해서는 구체적으로 알려진 것은 없다. 유엔 안보리 대북 제재위원회 전문가패널 보고서는 북한 발표에 대해 "북한의 주장을 뒷받침하는 증거를 파악하지 못하였다."고 하였다.[135] 그런데, 북한은 그로부터 6년 후인 2016년 1월 실시한 제4차 핵실험이 수소폭탄 실험의 성공이라고 발표하였다. 이것은 북한이 수소폭탄의 개발을 위해 꽤 오랜 기간 동안 핵융합 관련 연구와 실험을 해 왔음을 유추할 수 있게 하는 대목이다. 북한의 핵융합 기술 문제와 관련하여 북한과 중국 사이에 과학기

133 앞의 글.

134 "노동신문 조선에서 핵융합에 성공", 《조선중앙통신》, 2010년 5월 12일.

135 Security Council Committee established pursuant to resolution 1718(2006), "Final report of the Panel of Experts submitted pursuant to resolution 1985 (2011)", 14 June 2012, S/2012/422.

술 학술 차원의 협력이 있었고, 북한의 2010년 5월 핵융합 실험 발표에 대해 당시 중국 측이 상당한 우려를 표명한 사실을 환기하면서 수소폭탄 개발 과정의 맥락에서 북한의 2010년 발표를 과소평가해서는 안 된다는 주목할 만한 지적도 있다.[136]

---

136   이춘근, 『북한의 핵패권: 사회주의 핵개발 경로와 핵전술 고도화』(인문공간, 2023), p. 231-233.

제3부

공격이 최선의 방어
-김정은의 공세적
핵 정책

1. 2012년 헌법 개정을 필두로
핵보유 영구화 시도 본격화

북한은 한국에 대해 2010년 3월 천안함 폭침과 2010년 11월 연평도 포격 도발을 하였다. 그로 인해 한반도 정세는 급격히 경색되었다. 그런 가운데서도 미국과 북한은 2011년 7월 이래 세 차례의 고위급 회담을 가졌고 그 결과 2012년 2월 29일 소위 '윤일 합의(Leap Day Deal)'를 성사시켰다. 윤일 합의의 골자는 '북한이 핵실험, 장거리 미사일 발사, 농축 활동을 포함한 영변 핵 활동을 유예하고, 농축 활동의 감시와 검증을 위한 IAEA 사찰단의 북한 복귀를 수용'하는 대가로 '미국이 24만 톤의 대북 영양 지원을 한다.'는 것이었다.[137]

그러나 윤일 합의는 불과 채 두 달이 지나기도 전에 김정은이 김일성 탄생 100주년을 맞아 2012년 4월 13일 장거리 미사일을 발사함으로써 없던 일이 되었다. 사실 4월 13일 발사는 실패했다. 안보리는 의장성명[138]을 통해 안보리 결의를 위반한 동 발사를 규탄하였고, 북한은 이에 반발하면서 "우리는 국가 우주개발 계획에 따라 우주 개발 기관을 확대 강화하고 정지 위성을 포함하여 나라의 경제 발전에 필수적인 각종 실용위성들을 계속 쏴 올릴 것이다."라고 밝혔다.[139] 북한은 8개월 후인 2012년 12월 12일 은하 3호 발사를 통해 위성을 궤도에 진입시키는 데 성공하였다.

---

137 U.S. Department of State, "U.S.-DPRK Bilateral Discussions, Press Statement, Victoria Nuland, Department Spokesperson", 29 February 2012. KCNA, "DPRK Foreign Ministry Spokesman on Result of DPRK-U.S. Talks", 29 February 2012.

138 Security Council, "Presidential Statements made by the Security Council in 2012, S/PRST/2012/13", 16 April 2012.

139 "조선 외무성 유엔 안보리 의장성명 배격",《조선중앙통신》, 2012년 4월 17일.

2011년 12월 아버지 김정일을 떠나보내고 절대 수령 체제를 이끌어 나가야 하는 김정은에게 있어서 집권 첫해인 2012년이 주는 부담감은 엄청났을 것으로 짐작된다. 김정은이 택한 제1의 국정 운영 노선은 핵무장의 공격적 추진이었다. 김정은은 2012년 4월 헌법 개정을 필두로 핵무기 보유를 제도화하고 영구화하는 일련의 조치들을 취해 나갔다.[140] 북한은 2012년 4월 13일 최고인민회의 제12기 제5차 회의에서 헌법을 개정하였다.[141] 개정 헌법 서문에서 북한은 2011년 12월 사망한 김정일의 업적을 열거하는 가운데 '핵보유국' 단어를 명기하였다.[142] 동 헌법 서문은 김정일이 "조국을 불패의 정치사상 강국, 핵보유국, 무적의 군사강국으로 전변시키시었다."라고 서술하였다.[143] 김정은은 아버지 김정은으로부터 핵무기프로그램에 관한 어떤 인계를 받았을까? 아버지가 개발한 핵무기를 실제 자신의 눈으로도 보고 관련 시설도 방문하였을까? 그래서 아버지의 업적 중 하나로 핵보유국을 헌법에 명시한 것일까?

북한은 2005년 2월 핵무기 보유를 대외에 공개 선언한 이후 줄곧

---

140   김정은 집권하 북한의 핵 독트린에 대해서는 Alexander Mansourov 미국 노틀러스 연구소 선임연구원이 상세한 분석을 내놓았다. 다음을 보라. A. Mansourov, "Kim Jong Un's Nuclear Doctrine and Strategy: What Everyone Needs to Know", NAPSNet Special Report, 16 December 2014.

141   "사회주의 헌법 수정보충", 《조선중앙통신》, 2012년 4월 13일. "조선민주주의인민공화국 사회주의 헌법을 수정 보충함에 대한 보고", 《노동신문》, 2012년 4월 14일.

142   "조선민주주의인민 공화국 사회주의 헌법(2012. 4. 13. 수정, 보충)", 《조선신보》, 2012년 4월 13일. "사회주의 헌법에 명기된 《핵보유국》", 《조선신보》, 2012년 6월 29일.

143   앞의 글.

자신을 핵보유국이라고 주장해 왔는데 이제 이를 국가 최상위법인 헌법에 명문화한 것이다. 이것을 법률적 견지에서만 보자면 앞으로 북한이 핵을 포기하기 위해서는 형식적으로나마 헌법 개정이 수반되어야 한다는 것을 의미한다. 북한은 헌법 개정 1년 후인 2013년 4월 핵보유국 지위 강화를 규정한 법령을 제정하여 핵 지위를 더욱 고착화하였다.

북한은 2012년 8월 31일 장문의 외무성 비망록을 통해 미국의 뿌리 깊은 대북 적대시 정책이 핵문제 해결의 근본 장애이며 이로 인해 '핵문제를 전면적으로 재검토'하게 되었다면서 만약 미국이 끝내 적대시 정책을 포기하지 않는 경우 "우리의 핵보유는 부득불 장기화되지 않을 수 없게 될 것이며 우리의 핵 억제력은 미국이 상상도 할 수 없을 정도로 현대화되고 확장될 것이다."라고 밝혔다.[144]

북한이 핵 문제 전면 재검토의 실체에 대해 구체적으로 밝히지 않았지만 비망록의 전체 맥락으로부터 유추해 보면 그 요체는 다음 두 가지이다. 첫째는 핵무기 보유를 고수하겠다는 것이고, 둘째는 핵무기 능력을 지속 확대하겠다는 것이다. 8.31 비망록은 그다음 해인 2013년에 채택된 '핵무력·경제건설 병진 노선'과 '핵보유국 지위 강화 법령'을 염두에 둔 것으로 보인다.

---

144 "조선 외무성 비망록 미국의 적대시 정책은 핵문제 해결의 기본 장애", 《조선중앙통신》, 2012년 8월 31일.

2. 공세적 핵 정책의 8가지 특징

2012년 12월 은하 3호 발사 성공과 2013년 2월 제3차 핵실험 이후 북한의 핵 관련 입장과 언술은 더욱 확고하고 공세적이 된다. 그 진위 여부는 차치하고 북한의 공세적 핵정책은 대략 다음 8가지로 요약할 수 있다.[145]

첫째, 핵무기는 협상용이 아니며 핵무력·경제 건설 병진노선에 따라 핵 보유를 영구화한다. 둘째, 필요한 만큼 핵무기를 계속 만들고, 새로운 형태의 핵실험 및 첨단 핵무기 개발 등을 통해 핵 능력을 지속 고도화한다. 셋째, 북한은 완전한 핵보유국이 되었으므로 비핵화 대화는 더 이상 유효하지 않다. 넷째, 북한은 미국을 핵무기로 억제할 수 있고 미국은 미-북 관계가 핵보유국 대 핵보유국 관계임을 인정해야 한다. 다섯째, 북한은 핵무기의 소형화, 경량화, 다종화, 정밀화 능력을 갖추었고 수소폭탄 능력도 보유했다. 여섯째, 핵 선제 타격 선택지를 포함하여 핵무기의 실제 사용을 상정한 전쟁 억제 및 전쟁 수행 전략을 발전시켜 나간다. 일곱째, 미국과 그 동맹국(한국 포함)을 표적으로 하는 대륙간 탄도미사일을 포함한 다양한 핵 타격 수단을 개발하고 배치한다. 여덟째, 비핵화에 선행하여 미국의 대북한 적대시 정책이 철폐되고 미-북 평화협정이 체결되어야 한다.

북한의 2012년 12월 은하 3호 발사에 대해 안보리는 한층 강화된

---

145 필자가 여기에서 말하는 북한의 8가지 주장 내용을 사실로 받아들이거나 인정하는 것은 아니라는 점을 밝혀 둔다. 북한 주장의 진위 여부는 반드시 확인되어야 하고 비판적으로 검토되어야 할 사안이다. 다만, 필자가 여기에서 보여 주고자 하는 것은 북한의 핵 정책과 관련된 북한 정권의 의도가 어디로 향해 가고 있는지 하는 점이다.

대북 제재 결의 2087호[146]를 2013년 1월 23일 채택하였다. 이에 대해 북한은 "우리는 … 세계의 비핵화가 실현되기 전에는 조선반도 비핵화도 불가능하다는 최종 결론을 내리었다. … 6자 회담 9. 19 공동성명은 사멸되고 조선반도 비핵화는 종말을 고하였다."고 선언하였다.[147] 특히, 북한은 "우리가 계속 발사하게 될 여러 가지 위성과 장거리 로케트도, 우리가 진행할 높은 수준의 핵시험도 … 미국을 겨냥하게 된다는 것을 숨기지 않는다."고 하였다.[148]

북한은 자신이 "이미 당당한 핵보유국으로 솟아올랐으며 미국이 우리를 원자탄으로 위협하던 시대는 영원히 지나갔다."고 주장하였다.[149] 북한은 "조미 관계는 이전 시기의 비핵국가와 핵보유국 사이의 관계로부터 핵보유국과 핵보유국 사이의 관계로 변하였다."고 하였다.[150] 또한 북한은 아직 한 번도 있지 않았던 핵보유국들 간의 핵 대결 전쟁이 될 미국과 자신과의 핵 대결을 회피하지 않을 것이라고 공

---

146 Security Council, "Resolutions adopted by the Security Council in 2013, S/RES/2087 (2013)", 22 January 2013.

147 "조선 외무성 유엔 안전 보장 이사회《결의》비난",《조선중앙통신》, 2013년 1월 23일.

148 "조선 국방위 나라의 자주권을 수호하기 위한 전면 대결전에 나설 것",《조선중앙통신》, 2013년 1월 24일, "조선중앙통신사 논평 미국은 참혹한 대가를 치르게 될 것",《조선중앙통신》, 2013년 1월 28일.

149 "미국의 대조선 적대시 정책으로 종말을 고한 조선반도 비핵화",《조선중앙통신》, 2013년 1월 25일.

150 "노동신문 논평원 핵문제에서 진정성을 보여야 할 나라는 미국이라고 강조",《조선중앙통신》, 2014년 11월 15일. "민주조선 선군 조선의 위력을 보여줄 때가 되었다",《조선중앙통신》, 2013년 3월 30일.

언하였다.[151] 현학봉 당시 주영국 북한 대사는 2015년 3월 20일 영국 《Sky News》와의 인터뷰에서 북한이 핵미사일을 발사할 능력이 있느냐는 질문에 "언제든지, 언제든지 할 수 있다."고 답하였다.[152] 또한, 그는 "미국이 우리를 때리면 우리도 받아칠 것이다. 보복 타격한다는 것이다. 우리는 재래식 전쟁에는 재래식 전쟁으로, 핵전쟁에는 핵전쟁으로 대응할 준비가 되어 있다."고 밝혔다.[153]

2015년 3월 3일 리수용 당시 북한 외무상은 제네바 군축회의(CD: Conference on Disarmament)에서의 연설에서 북한을 "가장 청소한 핵보유국(the youngest nuclear weapon state)"이라고 칭하였다.[154] 이 연설에서 그는 당시 한반도가 "세계 최대의 핵보유국과 가장 청소한 핵보유국이 서로 교전 상태에서 날카롭게 대치되어 있는 핵 화약고"라고 하면서, "이제는 우리에게도 미국을 억제할 수 있고 필요하다면 선제 타격도 가할 수 있는 힘이 있다."고 밝혔다.[155]

2013년 2월 12일 북한은 세 번째 핵실험을 하였다. 북한은 3차 핵

---

151 "조평통 핵전쟁 도발자들은 자멸을 면치 못할 것 강조", 《조선중앙통신》, 2013년 3월 20일.

152 "North Korea Nuke Threat Frightening-If True", 《Sky News》, 20 March 2015.

153 앞의 글. 북한의 핵무기 사용 관련 위협은 2015년 5월 7일 박영철 북한 조국통일연구원 부원장의 CNN과의 인터뷰에서도 언급되었다. 그는 북한이 핵 능력을 갖추었고 미국 본토를 타격할 수 있는 장거리 미사일을 보유했다고 하면서, 미국에 의해 강요될 때 그러한 무기를 사용할 것이라고 하였다. 다음을 보라. "Exclusive: North Korea would use nukes if 'forced', official says", 《CNN》, 7 May 2015.

154 "우리나라 외무상 제네바 군축회의에서 연설", 《노동신문》, 2015년 3월 6일.

155 앞의 글.

실험이 "이전과 달리 폭발력이 크면서도 소형화, 경량화된 원자탄을 사용하여 높은 수준에서 안전하고 완벽하게 진행되었고" 이로써 "다종화된 우리 핵 억제력의 우수한 성능이 물리적으로 과시되었다."고 하였다.[156] 북한은 "우리의 핵 억제력은 이미 지구상 어느 곳에 있든 침략의 본거지를 정밀 타격하여 일거에 소멸할 수 있는 신뢰성 있는 능력을 충분히 갖추고 있다."고 하였다.[157] 북한군 최고 사령부는 북한은 "경량화되고 소형화된 핵탄을 포함하여 모든 것을 다 가지고 있고" 미국에 대해 "다종화된 우리식의 정밀 핵 타격 수단으로" 대항할 것이라면서, "누르면 발사하게 되어 있다."고 하였다.[158] 아울러, "조선 정전협정의 모든 효력을 전면 백지화"하고 "조선 인민군 판문점 대표부 활동도 전면 중지하게 될 것."이라고 밝혔다.[159]

북한은 2013년 3월 7일 외무성 대변인 성명을 통해 키 리졸브, 독수리 연습 등 한국과 미국에 의한 북침 핵전쟁 연습이 본격적인 단계로 접어들고 있다고 비판하면서 "우리 혁명 무력은 나라의 최고 이익을 수호하기 위하여 침략자들의 본거지들에 대한 핵 선제 타격 권리를 행사하게 될 것이다."라고 하였다.[160] 북한은 유엔 안전보장이사회

---

156 "조선중앙통신사 보도 제3차 지하 핵시험을 성공적으로 진행", 《조선중앙통신》, 2013년 2월 12일.

157 "조선 외무성 핵시험은 최대한의 자제력 발휘한 1차 대응조치", 《조선중앙통신》, 2013년 2월 12일.

158 "조선 인민군 최고 사령부 조선 정전 협정을 완전히 백지화", 《조선중앙통신》, 2013년 3월 5일.

159 앞의 글.

160 "조선 외무성 핵 선제 타격 권리 행사하게 될 것이다", 《조선중앙통신》, 2013년 3

가 북한의 제 3차 핵실험에 대하여 제재를 강화하는 결의 2094호[161]를 채택하자 이를 배격하면서 "세계는 … 우리의 핵보유국 지위와 위성 발사국 지위가 어떻게 영구화되는가를 똑똑히 보게 될 것이다."라고 하였다.[162] 북한은 한국을 겨냥해서는 남북 간 불가침에 관한 합의 및 남-북 비핵화 공동선언의 전면 무효를 선언하였고[163], "일단 조선반도 에서 전쟁이 터지면 그것은 국부적인 충돌로 끝나지 않을 것이며 기 필코 전면 전쟁, 핵전쟁으로 화할 것이다."라고 위협하였다.[164]

월 7일.

161 Security Council, "Resolutions adopted by the Security Council in 2013, S/RES/2094 (2013)", 7 March 2013.

162 "조선 외무성 반공화국《제재 결의》전면 배격",《조선중앙통신》, 2013년 3월 9일.

163 "조평통 북남 사이의 불가침 합의 전면 폐기한다",《조선중앙통신》, 2013년 3월 8일.

164 "노동신문 북남 불가침 합의를 뒤집어엎은 것은 남조선 당국",《조선중앙통신》, 2013년 3월 18일. "조선 정부, 정당, 단체 선군 조선의 본때 맛보게 될 것 강조",《조선 중앙통신》, 2013년 3월 30일.

3. 핵 무력
-경제 건설 병진노선과 핵보유국 지위 법령

북한은 2013년 3월 31일 김정은 노동당 제1비서 주재 하에 노동당 중앙위원회 전원회의를 개최하여 '경제 건설과 핵 무력 건설을 병진시킬데 대한 전략적 노선(이하 '병진노선'이라 칭한다)'을 채택하였다.[165] 김정은이 새롭게 선언한 병진 노선은 자신의 할아버지 김일성이 1962년 12월 제시한 '경제·국방 병진 노선'의 기본 정신과 틀을 따르면서 '국방' 축의 핵심 요소와 강조점을 핵 무장력 개발로 설정한 것으로 판단된다.

김정은은 병진 노선이 '자위적 핵 무력을 강화 발전시켜 나라의 방위력을 철벽으로 다지면서 경제건설에 더 큰 힘을 넣어 사회주의 강성국가를 건설하기 위한 가장 혁명적 노선'이라고 하였다.[166] 김정은은 병진노선을 천명하면서 핵 정책과 관련한 몇 가지 주목되는 입장을 밝혔다. 첫째, 북한의 핵무기는 협상용이 아니고, 둘째, 법으로 핵무기 보유를 영구화할 것이며, 셋째, 핵무기 능력과 핵 타격 수단의 능력을 지속 발전시킬 것이고, 넷째, 전쟁에서의 핵무기 사용 전략을 만들어 나갈 것이라고 하였다.

김정은은 2013년 3월 31일 노동당 전원회의 앞 연설에서 "선군 조선의 핵무기는 결코 미국의 달러와 바꾸려는 상품이 아니며 우리의 무장해제를 노리는 대화 마당과 협상〔테이블〕에 올려놓고 논의할 정치적 흥정물이나 경제적 거래물이 아니다."라고 강조하였다.[167]

---

165 "조선 노동당 중앙위 2013년 3월 전원회의", 《조선중앙통신》, 2013년 3월 31일.
166 앞의 글.
167 "조선 노동당 중앙위 3월 전원회의 보고-노동신문", 《조선중앙통신》, 2013년 4월 2일.

북한이 자신의 핵프로그램을 "미 달러와 바꿔 먹지 않겠다."고 한 것이 흥미롭다. 북한의 이러한 언급은 비핵화에 대한 상응 조치를 주로 경제적 인센티브와 거래적 관점에서 접근하는 방식을 따를 수 없다는 북한 정권의 인식과 입장이 투영된 것으로 보인다. 핵 억제력이 대화나 관계 개선을 위한 거래물이나 흥정물이 아니라는 점은 2014년 3월 14일 북한 국방위원회 성명에서도 강조되었다.[168] 이 성명은 "우리의 핵 억제력은 결코 대화에 목이 메고 관계 개선에 현혹되어 써먹을 거래 수단도, 흥정물도 아니라는 것을 똑바로 알아야 한다."고 하였다. 북한의 핵을 마치 협상에서 유리한 입장을 취하기 위한 카드라고 인식하는 것은 북한의 진의를 모르는 궤변이고 "양자 관계를 금전 관계에 귀착시키려는 미국식 실용주의적 사고방식의 발로이다."라고 북한은 비판하였다.[169]

북한은 병진노선에 따른 핵무장 강화가 북한이 이라크나 리비아와 같은 운명을 당하지 않기 위한 것이라고 인식한다.[170] 김정은은 북한의 "핵 보유를 법적으로 고착시키고 세계의 비핵화가 실현될 때까지 핵 무력을 질량적으로 확대 강화할 것이다."라고 하였다.[171] 아울러 '인민군대에서는 전쟁 억제 전략과 전쟁 수행 전략의 모든 면에서 핵

---

168 "조선 국방위 미국은 대조선 적대시 정책을 전면 철회해야 할 것이다",《조선중앙통신》, 2014년 3월 14일.
169 "노동신문《조선반도 핵 위기 사태의 진상을 논함》",《조선중앙통신》, 2013년 4월 30일.
170 "반공화국 핵 공조를 노린 불순한 망동",《우리민족끼리》, 2015년 7월 5일.
171 "조선 노동당 중앙위 3월 전원회의 보고-노동신문",《조선중앙통신》, 2013년 4월 2일.

무력의 중추적 역할을 높이고 핵 무력의 〔상시적인〕 전투 준비 태세를 완비해 나가야' 한다고 강조하였다.[172] 또한 그는 "정밀화, 소형화된 핵무기들과 그 운반 수단들을 더 많이 만들며 핵무기 기술을 끊임없이 발전시켜 보다 위력하고 발전된 핵무기들을 적극 개발하여야 한다."고 지시하였다.[173]

북한 원자력 총국[174]은 병진노선의 후속조치로서 2013년 4월 2일 "현존 핵시설들의 용도를 병진노선에 맞게 조절 변경할 것."이라고 하면서 "우라늄 농축공장을 비롯한 영변의 모든 핵시설들과 함께 2007년 10월 6자 회담 합의에 따라 가동을 중지하고 무력화되었던 5MW 흑연감속로를 재정비, 재가동할 것."이라고 발표하였다.[175]

북한은 2년 후인 2015년 9월 15일 원자력연구원 원장의 입을 통해 핵 시설의 용도 변경 사실을 확인하면서 모든 시설들이 정상 가동을 시작하였다고 하였다.[176] 동 원장은 또한 원자력 종사자들이 "각종 핵무기들의 질량적 수준을 끊임없이 높여 핵 억제력의 신뢰성을 백방으

---

172 앞의 글.

173 앞의 글.

174 북한의 원자력 총국은 1960년대부터 북한의 핵프로그램을 관장해 온 주요 기관이다. 이춘근 박사는 동 기관의 명칭이 원자력연구소, 원자력위원회, 원자력공업부, 원자력총국, 원자력공업성 순서로 변화되어 왔다고 한다. 다음을 보라. 이춘근, 『북한의 핵패권: 사회주의 핵개발 경로와 핵전술 고도화』(인문공간, 2023), p. 221.

175 "조선 원자력 총국 현존 핵 시설들의 용도 조절 변경 언급",《조선중앙통신》, 2013년 4월 2일.

176 "조선원자력연구원원장,《적대시정책 계속 매여달리면 언제든지 핵 신뢰성으로 대답할 준비가 되어 있다》",《조선신보》, 2015년 9월 15일.

로 담보하기 위한 연구와 생산에서 연일 혁신을 창조하고 있다."고 언급하였다.[177] 북한 원자력연구원장의 이 같은 발언은 북한 원자력 활동이 실상은 시작 단계에서부터 민수용보다는 군사적 목적에 방점을 두고 있었을 가능성을 유추하게 해 준다. 김정은은 2015년 신년사에서 "우리는 앞으로 국제정세가 어떻게 변하고 주변 관계 구도가 어떻게 바뀌든 … 선군정치와 병진로선을 변함없이 견지할 것."이라고 하였다.[178]

병진노선에 연이어 북한은 2013년 4월 1일 최고인민회의 제12기 제7차 회의를 개최하여 '자위적 핵보유국의 지위를 더욱 공고히 할 데 대한 법령'을 채택하였다.[179] 해당 법령은 북한이 '당당한 핵보유국'임을 천명하였고 핵무기의 목적, 임무, 지휘·통제, 관리 등 핵 독트린 성격의 다음 10개 조항을 담고 있다.[180]

1. 조선민주주의인민공화국의 핵무기는 우리 공화국에 대한 미국의 지속적으로 가증되는 적대시 정책과 핵 위협에 대처하여 부득이하게 갖추게 된

---

177 앞의 글.

178 "김정은 제1 비서의 신년사", 《조선중앙통신》, 2015년 1월 1일.

179 "최고인민회의 제12기 제7차 회의", 《조선중앙통신》, 2013년 4월 1일. 전성훈 전 통일연구원 북한센터소장은 이 법령이 "북한 정권 최초의 공식적 핵정책으로서 북한판 핵태세 검토보고서(NPR: Nuclear Posture Review)로 간주될 수 있다."고 평가하였다. 다음을 보라. 전성훈, 「김정은 정권의 경제·핵무력 병진노선과 4.1 핵보유 법령」, 통일연구원 Online Series CO 13-11, 2013.

180 "자위적 핵보유국의 지위를 더욱 공고히 할 데 대한 법 채택", 《조선중앙통신》, 2013년 4월 1일.

정당한 방위 수단이다.

2. 조선민주주의인민공화국의 핵 무력은 세계의 비핵화가 실현될 때까지 우리 공화국에 대한 침략과 공격을 억제, 격퇴하고 침략의 본거지들에 대한 섬멸적인 보복 타격을 가하는 데 복무한다.

3. 조선민주주의인민공화국은 가증되는 적대 세력의 침략과 공격 위험의 엄중성에 대비하여 핵 억제력과 핵 보복 타격력을 질량적으로 강화하기 위한 실제적인 대책을 세운다.

4. 조선민주주의인민공화국의 핵무기는 적대적인 다른 핵보유국이 우리 공화국을 침략하거나 공격하는 경우 그를 격퇴하고 보복 타격을 가하기 위하여 조선 인민군 최고사령관의 최종 명령에 의하여서만 사용할 수 있다.

5. 조선민주주의인민공화국은 적대적인 다른 핵보유국과 야합하여 우리 공화국을 반대하는 공격 행위에 가담하지 않는 한 비핵 국가들에 대하여 핵무기를 사용하거나 핵무기로 위협하지 않는다.

6. 조선민주주의인민공화국은 핵무기의 안전한 보관 관리, 핵시험의 안전성 보장과 관련된 규정들을 엄격히 준수한다.

7. 조선민주주의인민공화국은 핵무기나 그 기술, 무기급 핵물질이 비법적으로 유출되지 않도록 철저히 담보하기 위한 보관 관리 체계와 질서를 수립한다.

8. 조선민주주의인민공화국은 적대적인 핵보유국들과의 적대관계가 해소되는데 따라 핵 전파 방지와 핵물질의 안전한 관리를 위한 국제적인 노력에 협조한다.

9. 조선민주주의인민공화국은 핵전쟁 위험을 해소하고 궁극적으로 핵무기

가 없는 세계를 건설하기 위하여 투쟁하며 핵 군비 경쟁을 반대하고 핵 군축을 위한 국제적인 노력을 적극 지지한다.

10. 해당 기관들은 이 법령을 집행하기 위한 실무적 대책을 철저히 세울 것이다.

핵무기 개발프로그램과 미사일프로그램은 바늘과 실과 같다. 아무리 핵무기 성능이 우수하더라도 이를 실어 나를 수 있는 수단이 없으면 반쪽짜리에 불과하다. 북한이 집요하게 미사일 개발과 성능 향상에 매달리는 것은 이 때문이다. 위성발사를 명분으로 한 북한의 장거리 발사체 개발 행보도 핵무장의 맥락에서 조명되어야 하는 이유이다.

북한은 핵보유국 지위 강화 법령과 더불어 '우주개발법'을 제정하고[181] 국가 우주개발을 총괄할 '국가우주개발국'을 신설하였다.[182] 아울러, 북한은 2015년 5월 3일 새로 건설한 국가우주개발국 위성관제 종합지휘소를 공개하였다.[183] 국가우주개발국 국장은 2015년 9월 14일 위성 발사장 확장 사업이 진행 중이고 앞으로 계속 위성을 발사할 것이라고 밝혔다.[184] 북한의 이러한 일련의 조치들은 핵무기 운반 수단의 개발과 진전을 제도적으로 뒷받침하기 위한 목적으로 판단된다.

---

181 "우주개발법", 《조선중앙통신》, 2014년 4월 1일.

182 "국가우주개발국을 내오기로 결정", 《조선중앙통신》, 2013년 4월 1일.

183 "김정은 제1비서 새로 건설한 국가우주개발국 위성관제종합지휘소 현지지도", 《조선중앙통신》, 2015년 5월 3일.

184 "조선민주주의인민공화국 국가우주개발국 국장 대담", 《우리민족끼리》, 2015년 9월 14일.

북한은 탄도미사일 기술을 이용한 어떠한 발사도 금지한 유엔 안보리 결의에도 아랑곳하지 않고 "평화적 위성을 필요한 시기에 정해진 장소에서 계속 발사할 것."이라고 하였다.[185]

2013년 3월과 4월 병진노선과 핵보유국 지위 강화 법령을 연이어 채택한 후에 북한은 2013년 5월 21일 북한 노동신문에 흥미로운 논평 하나를 실었다. 「핵무기의 소형화, 경량화, 다종화, 정밀화」라는 제목의 글에서 해당 필자는 4가지 개념 각각에 대하여 상세히 설명하면서, "오늘 우리는 소형화, 경량화, 다종화, 정밀화된 핵탄을 포함하여 모든 것을 다 가지고 있고", "앞으로도 핵무기 기술을 끊임없이 발전시켜 보다 위력하고 발전된 핵무기들을 적극 개발할 것이다."라고 주장하였다.[186] 북한은 2014년 9월 "우리들의 핵 억제력은 이미 초정밀화, 소형화 단계에 진입한 상태여서 … [미국의] 본거지와 태평양 지역의 [미군]군사기지들을 임의의 시각에 임의의 장소와 수역에서 타격할 수 있는 항시적인 임전 태세를 갖추고 있다."고 하였다.[187]

북한은 2014년 3월 30일 "핵 억제력을 더욱 강화하기 위한 새로운 형태의 핵시험도 배제하지 않을 것이다."고 하고[188] 자신의 핵실험 예

185　"조선국가우주개발국 미국의 《미싸일지휘시설》 주장 비난", 《조선중앙통신》, 2015년 5월 8일.

186　"핵무기의 소형화, 경량화, 다종화, 정밀화", 《노동신문》, 2013년 5월 21일.

187　"조선 국방위 정책국 박근혜는 북남 관계 악화의 첫 번째 화근", 《조선중앙통신》, 2014년 9월 27일.

188　"조선 외무성 정당한 로케트 훈련 걸고든 유엔 안보리의 도발 행위 배격", 《조선중앙통신》, 2014년 3월 30일.

고는 "시효가 없다."고 하였다.[189] 실제로 북한은 2016년 1월 6일 자신들이 수소폭탄이라고 주장하는 제4차 핵실험을 하였다.[190]

북한 국방위원회는 2014년 4월 28일 대변인 성명에서 특기할 만한 언급을 하였다. 수소폭탄과 관련된 핵실험 실행 가능성을 강하게 시사한 것이다. 국방위원회는 북한이 예고한 새로운 핵실험과 로켓 발사를 두고서 국제 사회에서 "증폭 핵 분열탄 실험", "미 본토 중심까지 타격할 수 있는 새로운 대륙간 탄도미사일 실험" 가능성을 점치는 견해가 있다고 운을 뗀 뒤, "굳이 사실을 말해 달라고 하면 우리는 그 이상의 조치들도 취할 수 있다는 데 대해 부정하지 않는다."고 밝혔다.[191] 국방위원회의 이 언급은 물론 타인의 말을 인용하는 형태이기는 하나, 북한이 '증폭 핵무기'[192]를 거론하였다는 점에서 주목할 만하다.

북한 정권은 국제 사회가 자신의 핵 개발 의혹과 관련하여 특정한 문제를 제기하면 교묘한 화법을 사용하여 해당 사안을 논란거리로 만들고 이를 자신들에게 유리하게 이용한다. 그 화법이란 '북한은 너희들이 문제 제기하는 A보다 더한 것도 하게 되어 또는 가지게 되어

189 "조선 외무성 오바마의 아시아 행각은 위험천만한 행보", 《조선중앙통신》, 2014년 4월 29일.

190 "조선민주주의인민공화국 정부 성명-주체 조선의 첫 수소탄 시험 완전 성공", 《노동신문》, 2016년 1월 7일.

191 "조선 국방위 오바마의 남조선 행각은 해괴한 광대놀음", 《조선중앙통신》, 2014년 4월 28일.

192 북한의 증폭 핵무기 개발 가능성에 대한 우려는 다음 통일연구원 보고서를 참조. 정영태·홍우택·김태우·박휘락·이상민·이호령·조영기, 「북한의 핵전략과 한국의 대응전략」, 통일연구원 KINU 연구총서 14-11, 2014.

있다.'는 것인데, 시제가 현재형인지 미래형인지 알 수 없게 만든다. 2002년 10월 미국측이 비밀 농축우라늄프로그램의 존재를 추궁하자 북한은 '핵무기는 물론 그보다 더한 것도 가지게 되어 있다.'과 하였다. 북한은 증폭핵무기 문제가 제기되자 이번에도 유사한 화법을 사용한 것이다.

2015년 12월 10일 김정은은 북한의 최초 군수공장을 시찰하면서 북한이 "…자위의 핵탄, 수소탄의 거대한 폭음을 울릴 수 있는 강대한 핵보유국으로 될 수 있었다."고 하였다.[193] 북한이 2010년 5월 핵융합 반응 실험 성공 발표 등 핵융합 기술 보유에 대해서는 과거에 밝힌 적은 있는데 김정은이 수소폭탄 보유를 명시적으로 언급한 것이 주목된다. 그리고 마침내 북한 정권은 2016년 1월에 수소폭탄 실험에 성공하였다고 발표하였다.[194]

북한의 수소폭탄 보유 주장에 대해 회의적으로 보는 전문가 견해도 있었지만[195], 이와 반대로 북한의 의도와 능력을 과소평가하는 위험성을 지적하는 의견도 있었다.[196] 북한은 2015년 2월 10일 노동당 중

---

193 "경애하는 김정은 동지께서 새로 개건된 평천 혁명 사적지를 현지 지도하시였다", 《노동신문》, 2015년 12월 10일. 김정은의 수소폭탄 보유 언급은 2015년 12월 17일자 로동신문 기사에도 등장한다. 다음을 보라. "선군태양의 존함과 더불어 영원히 강대할 조선", 《노동신문》, 2015년 12월 17일.

194 "조선민주주의인민공화국-주체 조선의 첫 수소탄 시험 완전 성공", 《노동신문》, 2016년 1월 7일.

195 "North Korea hints it has a hydrogen bomb, but skepticism abounds", 《The Washington Post》, 10 December 2015.

196 Bruce Klingner, 「Pay Attention to North Korea's H-Bomb Claim. The West Has

앙위원회 정치국 회의를 개최하여 당 창건 70주년 및 해방 70주년을 기념하기 위한 7가지 대책을 결정한다. 그 세 번째 대책이 자위적 국방력의 강화에 관한 것인데, 북한은 "현대전의 요구에 맞는 정밀화, 경량화, 무인화, 지능화된 우리식의 첨단 무장 장비들을 더 많이 개발할 것."이라고 하였다.[197]

Been Wrong Before」, 10 December 2015, The National Interest.

197 "조선노동당 중앙위원회 정치국 회의에서 결정서「조선노동당 창건 일흔돐과 조국 해방 일흔돐을 위대한 당의 영도 따라 강성 번영하는 선군 조선의 혁명적 대경사로 맞이할 데 대하여」를 채택",《우리민족끼리》, 2015년 2월 13일.

4. 발사 또 발사:
핵 타격 수단 목적의 미사일 집중 개발

김정은 집권 이후 북한은 핵 타격 수단에 대한 강조와 함께 다양한 종류의 미사일과 방사포의 발사 실험을 선대 김일성과 김정일 시기에 비해 압도적으로 많이 실시하고 있다.[198] 북한은 여사한 발사 실험이 정상적인 군사 훈련이라고 주장하지만, 전문가들은 핵무기를 탑재할 수 있는 운반수단의 능력을 발전시키기 위한 지속적인 노력으로 판단한다.[199]

북한은 "다종의 핵탄들을 지상과 해상, 공중에서 제한 없이 운반할 수 있는 최첨단 타격 수단들을 갖추었다."고 하고[200], 김정은은 '언제 어디서든' 미국과 그 추종 세력들을 핵무기로 공격할 수 있는 능력을 갖출 것을 지시하였다.[201] 북한 인민군 최고사령부는 2016년 4차 핵실험 및 광명성 장거리미사일 발사 시험 이후 가중되는 미국 및 한국의 압박에 대항하여, "우리에게는 임의의 시각, 임의의 장소에서 미국을 타격할 수 있는 최첨단 공격수단들이 있다."고 하면서, 한국의 청와대 및 정부기관을 타격 대상으로, 그리고 미국의 아시아태평양 군사 기

198　북한 미사일 능력에 대한 주요 연구 중 하나는 다음을 참조하라. John Schilling and Henry Kan, 「The Future of North Korean Delivery Systems」, North Korea's Nuclear Future Series, 8 April 2015, US-Korea Institute at SAIS.

199　이춘근, "북한이 '핵무기 체계' 완성하는 날 어떤 일이 벌어지나?", 《주간조선》 2347호, 2015년 3월 9일. 김근식, "북핵, 시간은 한국 편이 아니다", 《중앙일보》, 2015년 3월 17일.

200　"병진이 터쳐 올린 정의의 폭음-조선중앙통신사 논평", 《조선중앙통신》, 2016년 1월 12일.

201　"경애하는 김정은 동지를 모시고 주체 조선의 첫 수소탄 시험 성공에 기여한 핵 과학자들과 기술자, 로동자, 일군들에 대한 당 및 국가 표창 수여식이 진행되었다", 《로동신문》, 2016년 1월 13일.

지 및 미 본토를 2차 타격 대상으로 삼는다고 위협하였다.[202]

북한 김정은은 2016년 3월 24일 고체 엔진 로켓 지상 분출 시험을 현지 지도하면서 자신의 지시에 따라 6개월 만에 고체 엔진 로켓 연구 사업을 완결하였고 이로써 적에 대한 탄도미사일 타격 능력이 더욱 향상되었다고 하였다.[203] 또한 김정은은 2016년 4월 9일 대륙간탄도미사일(ICBM)용 고성능 엔진 연소 지상 실험을 참관하고, 이 실험의 성공으로 더욱 위력적인 핵탄두를 ICBM에 장착하여 미 본토까지 사정거리 안에 둘 수 있게 되었다면서 "핵 공격 수단들의 다종화, 다양화를 보다 높은 수준에서 실현하여 핵에는 핵으로 단호히 맞서야 한다."고 강조하였다.[204]

김정은은 2012년 4월 15일 김일성 탄생 100주년 열병식에서 집권 후 첫 공식 대중연설을 통해 육군, 해군, 공군과는 별도의 독립적 군 조직으로서 '전략 로켓트군(Strategic Rocket Force)'의 존재에 대해 언

---

202 "우리 운명의 눈부신 태양을 감히 가리워 보려는 자들을 가차 없이 징벌해 버릴 것이다",《로동신문》, 2016년 2월 23일.

203 "우리 당의 국방 과학 기술 중시 정책이 낳은 또 하나의 자랑찬 성과, 대출력 고체 로케트 발동기 지상 분출 및 계단 분리 시험에서 성공 - 경애하는 김정은 동지께서 대출력 고체 로케트 발동기 지상 분출 및 계단 분리 시험을 지도하시었다",《노동신문》, 2016년 3월 24일.

204 "주체조선의 핵공력 능력을 비상히 강화하는 데서 이룩한 또 하나의 사변 - 새형의 대륙간 탄도로케트 발동기 지상 분출 시험에서 대성공 경애하는 김정은 동지께서 서해 위성 발사장을 찾으시어 새형의 대륙간 탄도로케트 대출력 발동기 지상 분출 시험을 지도하시었다",《로동신문》, 2016년 4월 9일.

급하였다.[205] 전략 로켓트군[206]의 정확한 임무와 편제는 자세하게 알려진 바는 없지만 핵미사일을 포함한 핵전력 운용을 위한 군종으로 추정된다. 동 열병식에서는 새로운 지상 이동식 ICBM급 미사일로 판단되는 KN-08도 등장하였다.[207] 김정은은 2013년 3월 29일 군 최고 사령관 자격으로 '전략 로켓군 화력 타격 임무 수행과 관련한 작전회의를 긴급 소집'하여 '전략 로켓들의 미국 본토와 하와이, 괌을 비롯한 태평양 내 미군기지, 한국 주둔 미군기지에 대한 타격 계획을 점검, 비준'하고 '사격 대비 상태에 들어갈 것을 지시'하였다.[208]

북한은 "우리의 대륙간탄도미사일들마다 미제의 소굴들이 첫째가는 타격 대상으로 입력"되어 있고[209], 핵 타격 수단이 "이미 다종화"되었고 그 "주된 과녁이 미국이라는 것을 숨기지 않는다."고 하였다.[210]

---

205 "김정은 동지 김일성 주석 탄생 100돐 경축 열병식에서 연설", 《조선중앙통신》, 2012년 4월 15일.

206 전략로켓군은 2014년 3월 '전략군'으로 명칭이 변경되었다. 「2014 한국 국방백서」에 따르면 북한의 전략군은 중국군의 2포병, 러시아군의 전략미사일군과 유사한 기능을 수행할 가능성이 높다고 하였다. 「2022 국방백서」는 북한 별도 군종사령부중 하나가 '전략군'이며 그 예하에 스커드, 노동, 무수단 등 13개 미사일 여단이 편성되어 있다고 소개하였다. 통일부 책자 『2024 북한 이해』는 북한이 2023년 2월 '미사일 총국'을 새로이 공개하였고 미사일 총국 예하에 '붉은기 중대'가 운영된다고 하였다.

207 Security Council Committee established pursuant to resolution 1718(2006), "Final report of the Panel of Experts submitted pursuant to resolution 1985(2011)", 14 June 2012, S/2012/422.

208 "김정은 최고 사령관 화력 타격 계획을 비준", 《조선중앙통신》, 2013년 3월 29일.

209 "조선 인민군 창건 81돐 예식 거행 - 김정은 동지 참석", 《조선중앙통신》, 2013년 4월 25일.

210 "조선 국방위 미국은 대조선 적대시 정책을 전면 철회해야 할 것이다", 《조선중앙

북한은 또한 타격 대상에 한국의 청와대도 예외는 아니라고 하였다.[211] 북한은 2013년도 한·미 연례 군사훈련 일환으로 미국의 B-52 전략폭격기와 B-2A 스텔스 전략 폭격기가 한국에 전개되자 한반도에서의 핵전쟁이 표면적이 아닌 현실적인 의미를 갖게 되었다면서, "우리에게는 우리식의 막강한 정밀 핵 타격 수단들과 핵전쟁 전법들이 있다."고 하였다.[212]

북한은 2014년 한 해 동안 총 20차례에 걸쳐 270여 발의 각종 중단거리 탄도미사일과 방사포를 시험 발사하였다.[213] 유엔 안보리 대북제재위원회 산하 전문가패널 보고서는 이 중 7차례 '최소 13발'이 탄도미사일 발사였고 그 발사 횟수가 이례적이라고 평가하였다.[214] 북한군 최고사령관인 김정은은 여러 차례에 걸쳐 직접 미사일 시험 발사를 현장 지도하였다.[215] 북한은 그러한 발사가 자위력 강화를 위한 통상

통신》, 2014년 3월 14일.

211 "조선 국방위《인권결의》전면 거부, 전면 배격", 《조선중앙통신》, 2014년 11월 23일.

212 "조선 외무성 성명 반미 전면 대결전의 최후 단계에 진입", 《조선중앙통신》, 2013년 3월 26일.

213 신재현, 「김정은 체제의 핵정책과 우리의 대응방향」, KDI 북한경제리뷰, 동향과 분석, 2014년 10월호.

214 Security Council Committee established pursuant to resolution 1718(2006), "Final report of the Panel of Experts submitted pursuant to resolution 1985(2011)", 23 February 2015, S/2015/131.

215 "경애하는 최고 사령관 김정은 동지께서 최첨단 수준에서 새로 개발한 초정밀화된 전술 유도탄 시험 발사를 지도하시었다", 《우리민족끼리》, 2015년 2월 13일. "조선인민군 최고사령관 김정은 동지께서 조선인민군 전략군의 로케트 발사 훈련을 또다시 지도하시었다", 《우리민족끼리》, 2014년 7월 27일. "경애하는 김정은 동지께서 전술 로

적인 군사 훈련이며 전략군의 화력 단위별로 다양한 종류의 로켓 발사 훈련을 한 것이라고 주장하였다.[216]

2014년 3월 30일 북한은 외무성 성명을 통해 안보리가 자신의 미사일 발사 훈련을 부당하게 규탄하였다고 하면서, 한-미 연합 훈련에 대응해서 자신들도 "다종화된 핵 억제력을 각이한 중장거리 목표들에 대하여 각이한 타격력으로 활용하기 위한 여러 가지 형태의 훈련을 할 것"이라고 하였다.[217] 황병서 당시 북한군 총정치국장은 2014년 7월 27일 전승일 군 장병 결의 대회에서 "만약 미제가 핵 항공모함과 핵 타격 수단들을 가지고 우리의 자주권과 생존권을 위협하려 든다면 우리 인민군대는 … 백악관과 펜타곤을 향하여, 태평양상에 널려 있는 미제의 군사 기지들과 미국의 대도시들을 향하여 핵탄두 로케트들을 발사하게 될 것이다."라고 하였다.[218]

대북 안보리 결의에 위반되는 북한의 이러한 탄도미사일 발사 행위는 2015년과 2016년 들어서도 계속되었다. 2015년 북한은 최소 10차례 이상 스커드 등 각종 미사일과 방사포를 발사했다.[219] 2016년 들

케트탄 시험 발사를 지도하시었다", 《우리민족끼리》, 2014년 8월 15일.

216 "조선 인민군 전략군 도발 도수 넘게 되면 공격형 로케트로 보복", 《조선중앙통신》, 2014년 3월 5일.

217 "조선 외무성 정당한 로케트 훈련 걸고든 유엔 안보리의 도발 행위 배격", 《조선중앙통신》, 2014년 3월 30일.

218 "백두산 총대의 위력으로 전승의 7·27을 조국통일 대업의 승리로 빛내어 가자", 《우리민족끼리》, 2014년 7월 28일.

219 "북한, 어제 신형 함대함 미사일 발사 훈련 … 김정은 참관(종합)", 《연합뉴스》, 2015년 6월 15일.

어 북한은 제 4차 핵실험에 대한 유엔 안보리의 제재 결의 2270호 채택에 반발하여 3월부터 노동 및 스커드 미사일, 그리고 300미리 방사포를 계속 발사하였다.[220] 북한은 2016년 5월 제7차 노동당 당대회를 앞두고 4월 15일 한 차례, 그리고 4월 28일 두 차례 중거리 탄도미사일인 무수단을 시험 발사하였으나 모두 실패한 것으로 한국 국방부는 평가하였다.[221]

북한이 잠수함 발사 탄도미사일(SLBM) 개발을 도모하는 여러 활동들이 2015년부터 지속적으로 관찰되고 있다.[222] 2015년 5월 8일 북한은 김정은의 현장 지도하에 "전략 잠수함 탄도탄 수중 시험 발사가 진행되었다."고 발표하였다.[223] 김정은은 발사 장면을 지켜본 뒤 "전략 잠수함 탄도탄 수중 발사 기술이 완성됨으로써 … 적대 세력들을 임의의 수역에서 타격 소멸할 수 있는 세계적 수준의 전략 무기를 가지게 되었다."고 하였다. 한국군 당국에 따르면, 북한은 2015년 11월 28일 동해상에서 다시 SLMB 관련 사출 시험을 한 것으로 추정되는데 미사일 궤적은 포착되지 않았고 미사일 보호 캡슐 파편만 발견되었

---

220 "북 김정은 집권 이후 북한 중단거리 발사체 발사 일지", 《연합뉴스》, 2016년 3월 29일.

221 "북, 무수단 미사일 추가 발사 … 공중폭발로 실패(종합)", 《연합뉴스》, 2016년 4월 28일.

222 Joseph S. Bermudez, 「North Korea: Test Stand for Vertical Launch of Sea-Based Ballistic Missiles Spotted」, 28 October 2014, 38 North, Informed Analysis of North Korea.

223 "김정은 제1비서 전략 잠수함 탄도탄 수중 시험 발사 높이 평가", 《조선중앙통신》, 2015년 5월 9일.

다.[224] 북한은 2015년 12월 또 한 번의 SLBM 관련 사출 실험을 하였고 관련 영상을 공개하였다.[225] 북한은 2016년 3월 16일 SLBM 지상 사출 시험을 한 것으로 보도되었으나 구체 사항은 확인되지 않았다.[226]

북한은 김정은 참관하에 2016년 4월 24일 SLBM 수중 발사 실험을 하였고, 발사된 미사일은 약 30킬로미터를 비행하였다.[227] 김정은은 이 발사 시험을 성공이라고 평가하고 이로써 한국과 미국을 언제든 핵 타격을 가할 수 있는 능력을 갖게 되었다면서 핵 공격 능력을 끊임없이 발전시킬 것이라고 하였다. 북한은 2016년 8월 24일 또 한 번의 SLBM 수중 발사 시험을 하여 대성공을 거두었다면서 "핵무력 고도화에서 커다란 군사적 진보를 이룩하였다."라고 밝혔다.[228] 김정은은 SLBM 개발 분야 국방과학과 군수공장 종사자들에게 미국과의 핵전쟁은 예고 없이 벌어질 수 있다고 하고 이에 대비하여 핵무기 무기화 사업과 그 운반 수단 개발에 박차를 가할 것을 주문하였다.[229] 김정은은 전략 잠수함 건조와 SLBM 개발을 재촉하기 위해 10번이나 시험 발

224   "N.K. apparently fails submarine missile test", 《The Korea Herald》, 30 November 2015.

225   "북, 비행거리 늘어난 SLBM 사출 영상 공개", Youtube 영상, 0:28. 《조선일보》 게재, 2016년 1월 8일.

226   "North Korea Conducts Land Test of Sub-Launched Missile", 《Washington Free Beacon》, 2 March 2016.

227   "전략 잠수함 탄도탄 수중 시험 발사에서 또다시 대성공 경애하는 김정은 동지께서 시험 발사를 현지에서 지도하시었다", 《노동신문》, 2016년 4월 24일.

228   "주체 조선의 핵공격 능력의 일대 과시-경애하는 김정은 동지의 지도 밑에 전략 잠수함 탄도탄 수중 시험 발사가 성공적으로 진행되었다", 《노동신문》, 2016년 8월 25일.

229   앞의 글.

사장을 찾았다고 북한은 밝혔다.[230]

　2016년 8월 이후 북한의 잠수함과 SLBM 개발과 시험 관련 활동은 약 3년간 발표되지 않다가 2019년 7월 22일 새로 건조하였다고 주장하는 잠수함을 선보였고[231], 2019년 10월 2일 신형 SLBM 북극성-3형 시험 발사에 성공하였다고 발표하였다.[232] 김정은 정권은 북극성-3형 SLBM 개발이 북한의 국력을 우주에 닿을 정도로 높인 민족 대경사의 날이라고 선전하였다.[233] 바닷속 어디에서든 적들을 타격할 수 있는 절대 병기를 최단기간에 만들어 낸 것은 세계 무기사에서 찾아볼 수 없고 오직 최고 영도자 김정은만이 할 수 있는 '불멸의 대공적'이라고 하였다.[234] 북한은 그로부터 2년 후인 2021년 10월 19일 신형 SLBM 시험 발사를 하였다고 발표하였다. 북한 국방과학원은 해당 발사의 플랫폼이 5년 전인 2016년 첫 SLBM을 성공적으로 발사한 '8.24 영웅함'이라고 밝혔다.[235]

　북한은 2015년 노동당 창건 70주년 기념 열병식에서 2012년과 2013년에 선보인 것과 다른 모양의 KN-08 대륙간탄도미사일을 공개

230　앞의 글.

231　"경애하는 최고령도자 김정은 동지께서 새로 건조한 잠수함을 돌아보시었다", 《노동신문》, 2019년 7월 23일.

232　"자위적 국방력 강화의 일대 사변 - 조선인민민주주의공화국 국방과학원 새형의 잠수함탄도탄 '북극성-3형' 시험발사에 성공, 《노동신문》, 2019년 10월 3일.

233　"10월의 특대 사변, 민족의 대경사 - 새형의 잠수함 탄도탄 '북극성-3형' 시험 발사 소식에 접한 각계의 반향", 《노동신문》, 2019년 10월 5일.

234　"정론-지구를 굽어본 우리의 '북극성'", 《노동신문》, 2019년 10월 4일.

235　앞의 글.

하였다.[236] 이전 모델에 비해 3단 추진체 부분의 길이가 짧아지고 발사체의 끝부분이 둥근 형태였다. 이 미사일이 단순한 과시용 또는 가짜인지, 아니면 소위 '다중독립표적재진입체(MIRV)'를 목표로 한 개량형 모델인지는 정확한 기술적 평가가 어렵다.[237] 이 KN-08 외에 북한이 70주년 열병식에서 새롭게 선보인 무기는 사거리가 약 200킬로미터로 추정되는 300미리 방사포와 무인타격기였다. 아울러, 2013년 열병식 때에는 차량에 탑승하여 등장했던 핵 배낭 부대는 2015년 열병식에서는 도보로 행진하였다.

북한은 미국의 고고도 미사일 방어 체계인 싸드(THAAD) 한국 배치 움직임에 대해 "우리 공화국에 대한 핵 선제공격을 노린 … 군사적 도발"로 규정하면서, 이에 대해 "핵 억제력을 더욱 강화하는 것으로 단호히 대처해 나갈 것이다."라고 하였다.[238]

236 "North Korea marks anniversary of ruling party with military parade", YouTube video, 1:56:42. Posted by "RT", October 10, 2015.

237   NKNEWS.ORG, "Analysis: Redesigned KN-08 missile unveiled in military parade - New features including reduced length, new nosecone/shroud, similarities to Russian Volna" by Scott LaFoy, 16 October, 2015.

238 "조선 평화 옹호 전국 민족위 미국과 남조선 패당의 미싸일 방위 체계 구축 행동 비난",《조선중앙통신》, 2014년 6월 13일.

5. 제재와 인권 문제에조차도 핵무장 입장으로 대응

북한의 핵미사일 활동에 대한 유엔 안전보장이사회의 제재가 본격 시작된 것은 2006년 10월 9일 북한의 1차 핵실험부터이다. 그 이후 총 10차례의 안보리 제재 결의가 채택되었고 북한의 핵미사일 개발 속도를 늦추고 북한 정권의 핵개발에 대한 셈법을 바꾸기 위해 관련 자금줄을 차단하기 위해 무기 금수, 교역 제한, 금융 제재, 해외 노동자 활동 차단, 사치품 거래 제한 등 광범위한 조치를 부과하였다. 북한 정권은 2006년부터 2024년까지 18년간의 제재에도 아랑곳하지 않고 핵미사일 개발을 계속하고 있다. 국제 사회의 요구에 부응하기는커녕 오히려 제재 결의가 채택될 때마다 그것을 구실로 핵실험을 단행하고 더 많은 미사일 발사 실험을 하였다. 북한 정권은 자신들이 이미 제재에 이력이 났다면서 새로운 제재를 부과할수록 더욱 강력한 조치를 취해 나가겠다는 입장이다.[239]

김성 주유엔 북한 대사는 러시아의 거부권으로 인하여 안보리 대북제재위원회 산하 전문가패널이 종료된 것과 관련하여 2024년 4월 11일 개최된 특별 유엔 총회 발언을 통해 국제 사회 핵보유국 중 왜 자신들만 제재를 받아야 하느냐고 강변하면서 미국이 수십만 년의 제재를 이어 가도 북한의 억지력 증강을 막지 못할 것이라고 하였다.[240]

제재가 북한의 핵무기 개발을 저지하고 지연시키는 데 있어서 어느 정도의 효과가 있는지에 대해서는 여러 의견이 존재한다. 김정은

239 "조선민주주의인민공화국 외무성 김은철 미국 담당 부상 담화 발표", 《조선민주주의인민공화국 외무성》, 2024년 4월 25일.
240 김성 대사의 발언은 2024년 4월 11일 유엔 총회 영상에 나와 있다.

정권은 당연히 자신들에 대한 제재는 전혀 효과가 없다고 주장한다. 그렇지만 2019년 2월 개최된 미-북 하노이 정상회담 당시 김정은이 트럼프 대통령에게 줄곧 요구한 것은 다름 아닌 안보리 제재의 해제였다. 이는 제재가 북한 정권에 영향을 미친다는 것을 보여 준다. 제재의 효과는 쉽게 판단하기는 어렵고 또 쉽게 판단해서도 안 된다. 그 효과는 제재 만능론과 제재 무용론의 중간 어디쯤에 있는 것은 분명하다. 제재에 있어서 과제는 효과성을 높이는 것이다.[241]

북한은 2014년도부터 유엔에서 본격 제기되고 있는 인권 문제에 대해 핵전쟁 위협을 하는 등 핵 억제력 강화로써 대응하겠다고 하였다. 인권 문제에 핵무기를 거론하는 것은 전혀 상식적이지도 않고 비례성에도 맞지 않지만 그것이 북한이 인권 문제를 대하는 방식이다. 북한의 이와 같은 극도의 민감한 반응은 인권 문제가 김정은 정권의 정통성에 대한 직접적인 도전을 야기하기 때문인 것으로 판단된다.

북한은 유엔 총회 제3 위원회와 유엔 총회가 2014년과 2015년 각각 채택한 대북 인권 결의에 대해 외무성, 국방위원회, 조국평화통일위원회 등을 총 동원하여 강력 반발하였다. 북한은 유엔 결의를 주도한 "미국과 그 추종 세력들은 … 무자비한 징벌의 철추를 면할 수 없

---

241 핵 비확산 협상에서의 제재의 역할과 관련하여 필자는 다음과 같이 생각한다. 제재는 해당 국가 지도부의 핵 개발 관련 계산법을 실질적으로 변경시킬 만큼 강력하여야 하고, 해당 국가에 대해 정치, 경제적으로 상당한 레버리지를 갖고 있는 국가들의 동참을 확보해야 하며, 해당 국가의 핵 비확산 공약 및 실천 조치에 상응하게 재재는 해제하되 가역성 장치를 통해 레버리지를 계속 유지해야 하고, 제제 일변도 또는 대화 일변도가 아닌 투 트랙이 조율되게 진행되도록 해야 한다.

게 되었다."라고 위협하였다.[242] 북한은 미국이 첫 표적이 될 것이라면 서 '우리식의 새로운 강력 대응전'에 따라 '강위력한 핵 무력과 지상, 해상, 수중, 공중에 전개되는 여러 가지 첨단 타격 수단들'을 동원하 여 미국에 대한 전면 타격을 할 준비가 되어 있다고 밝혔다.[243] 한국에 대해서는 핵전쟁이 나는 경우 청와대도 안전할 수 없다고 경고하였 다.[244] 북한은 "조선반도 비핵화라는 말 자체가 더는 성립할 수 없게 되 었고", "새로운 핵시험을 더는 자제할 수 없게 만들고" 있다면서[245] "핵 무력을 포함한 나라의 자위적 국방력을 백방으로 강화해 나가기 위한 우리의 노력에는 배가의 박차가 가해질 것이다."라고 하였다.[246]

북한은 미국이 북한을 압살하기 위한 양대 기둥으로서 핵 포기 압 박에 더하여 인권 공세를 펼친다고 인식한다.[247] 다시 말해, 북한 정 권은 미국이 본인들이 1990년대부터 추진해 온 대북 핵 정책이 효과 가 없게 되자 인권 문제를 들고 나왔다고 주장한다.[248] 북한은 일부 중 동 국가들이 정치적 혼란과 유혈 사태를 겪고 있는 것은 '인권과 민주

242 "조선 국방위 《인권결의》 전면 거부, 전면 배격", 《조선중앙통신》, 2014년 11월 23일.

243 "국방위 미국의 《인권》 소동에 강경 대응 포고", 《조선중앙통신》, 2014년 10월 25일.

244 "조선국방위 《인권결의》 전면 거부, 전면 배격", 《조선중앙통신》, 2014년 11월 23일.

245 "조선 외무성 유엔 반공화국 《인권결의》", 《조선중앙통신》, 2014년 11월 20일.

246 "조선 외무성 반공화국 유엔 《인권결의》 전면 배격", 《조선중앙통신》, 2014년 12 월 20일.

247 "조선중앙통신사 논평 미국은 《인권결의》 채택의 후과 책임질 것 강조", 《조선중 앙통신》, 2014년 11월 20일.

248 "모략적인 《북인권》 소동, 우리에게는 결코 통하지 않는다", 《우리민족끼리》, 2015년 11월 23일.

주의를 구실로 감행되는 내정 간섭을 허용한 대가'라면서[249], 자신들은 이러한 잘못을 범하지 않기 위해 자위적 전쟁 억제력을 더욱 강화하겠다는 입장이다.

김정은은 유엔에서의 인권 문제 압박 등 미국의 적대시 정책에 대항하여 "핵 억제력을 중추로 하는 자위적 국방력을 억척같이 다진 것."이 옳은 선택이었다고 강조하였다.[250] 북한은 미 행정부가 2023년 국별 인권보고서를 통해 북한 인권 실태를 고발하고 북한으로의 외부 정보 유입을 지속 주장하는 것에 대해 북한 제도를 전복하기 위한 음흉한 시도라고 강력하게 비판하고 제도 수호를 위해 단호하게 대응해 나갈 것이라고 하였다.[251]

북한은 유엔 안전보장이사회가 2024년 6월 12일 의장국 한국의 주재로 북한 인권 문제에 관한 공식 회의를 개최한데 대해 북한을 적대시하는 '엄중한 정치적 도발'이라고 강력 규탄하고, 2023년 10월 7일 이후 벌어지고 있는 중동 사태가 보여 주듯이 힘없이는 가장 기본적인 인권조차도 지킬 수 없기 때문에 미국과 그 추종 세력들의 인권 책략 소동을 철저하게 배격한다면서 북한 체제를 굳건히 수호해 나갈 것이라는 입장을 밝혔다.[252]

---

249 "조선민주주의인민공화국 외무성 대변인 담화", 《우리민족끼리》, 2015년 11월 24일.

250 "김정은 제1비서의 신년사", 《조선중앙통신》, 2015년 1월 1일.

251 "조선민주주의인민공화국 외무성 대변인 담화 발표", 《조선민주주의인민공화국 외무성》, 2024년 4월 27일.

252 "[전문] 북 외무성 부상 한미, 자국 인권 오물부터 걷어내야", 《자주시보》, 2024년 6월 14일.

6. 평화협정 공세 강화와 3, 4, 5차 핵실험

김정은 정권은 2012년 헌법 서문에 핵보유국 명시, 2013년 제3차 핵실험 실시, 핵무력·경제 건설 병진노선 채택 및 핵보유국 지위 강화 법령 제정, 2014년 새로운 형태의 핵실험 실시 위협, 2015년 잠수함발사탄도미사일(SLBM) 관련 실험, 2016년 제4차, 제5차 핵실험 등 2012년부터 핵무장에 관한 거침없는 행보를 이어 갔다. 특별히 북한은 2016년 제4차 핵실험 이후 마치 살라미 전술을 구사하듯 소형 핵탄두 모형 물체 공개, 재진입 시스템 관련 모의실험, 고체 엔진 로켓 연소 실험, 핵탄두 폭발 실험 실시 위협을 하면서 자신의 핵무기 체계가 완성 및 실전 배치 단계에 이르렀다고 주장하였다.

북한의 이러한 일련의 행보는 국제 사회에 대해 '이제 북한의 핵 보유는 부정할 수 없는 현실이 되었으므로 북한을 비핵화할 수 있다는 허황된 기대를 갖지 말라.'는 뜻으로 풀이된다. 김정은 정권은 핵 보유를 나름 기정사실화하였다는 자신감을 바탕으로 2015년 하반기부터 핵담론의 초점을 비핵화가 아닌 미국의 대북 적대시 정책 폐기 문제로 전환하기 위해 평화협정 체결 요구 공세를 강화하였다.

김정은은 2016년을 제4차 핵실험으로 시작하였다. 2016년 1월 6일 북한은 정부 성명을 통해 첫 수소폭탄 실험에 성공하였다고 발표하였다.[253] 북한은 이 실험을 통하여 "수소탄의 기술적 제원들이 정확하다는 것을 완전히 확증하였으며 소형화된 수소탄의 위력을 과학적으로

---

253 "조선민주주의인민공화국 정부 성명-주체 조선의 첫 수소탄 시험 완전 성공", 《노동신문》, 2006년 1월 7일.

해명하였다."고 주장하였다.[254] 아울러 북한은 미국이 자신들에 대한 적대시 정책을 폐기하지 않으면 어떠한 경우에도 핵을 포기하지 않을 것이고 핵 억제력을 부단히 강화할 것이라고 공언하였다.[255] 김정은은 핵무기 관련 종사자들에게 앞으로 더 위력적인 수소폭탄을 만들고 미국에 대해 핵 공격을 할 수 있는 능력을 갖출 것을 지시하였다.[256] 유엔 안전보장이사회는 북한의 제4차 핵실험에 대해 북한으로 향하거나 북한으로부터 출발하는 화물에 대한 검색을 의무화하고, 제재 대상 선박 또는 불법 활동 연루 의심 선박의 입항 금지, 석탄, 철, 금 등 북한산 광물의 수입 금지 조치, 해외 북한 대사관의 외교 활동 제한 등 제재 조치를 강화하는 결의 2270호를 채택하였다.[257]

북한 정권은 국제 사회의 제재 압박 조치에 아랑곳하지 않고 2016년 3월 9일 소형화된 핵탄두로 보이는 물체를 공개하였다.[258] 김정은은 "핵탄을 경량화하여 탄도로케트에 맞게 표준화, 규격화를 실현하였는데 이것이 진짜 핵 억제력이다."라고 하였다.[259] 그는 북한이 추구

---

254 앞의 글.

255 앞의 글.

256 "경애하는 김정은 동지를 모시고 주체 조선의 첫 수소탄 시험 성공에 기여한 핵과학자들과 기술자, 군인 건설자, 로동자, 일군들에 대한 당 및 국가 표창 수여식이 진행되었다", 《노동신문》, 2016년 1월 13일.

257 안보리 결의는 유엔 홈페이지 내 안보리 섹션에 문서(documents)란에 연도별로 정리되어 있다. 결의 2270호는 2023년도 결의 리스트에 게재되어 있다.

258 "경애하는 김정은 동지께서 핵무기 연구 부문의 과학자, 기술자들을 만나시고 핵무기 병기화 사업을 지도하시었다", 《노동신문》, 2016년 3월 9일.

259 앞의 글.

해야 할 것은 크고 강한 핵 억제력이며 필요시 선제 핵 타격도 할 수 있도록 해야 한다면서, 앞으로 핵무기용 핵물질과 핵무기, 핵 운반 수단을 더 많이 생산할 것을 지시하였다.[260] 김정은은 핵 선제타격권은 결코 미국의 독점물은 아니고 미국이 북한의 자주권과 생존권을 핵으로 공격하려 할 때는 주저 없이 핵으로 먼저 타격할 것이라고 밝혔다.[261] 북한이 미국을 선제 핵 타격할 수 있다는 것은 리수용 2016년 당시 북한 외무상도 관련 언급을 한 것으로 보도되었다.[262]

김정은은 2016년 3월 10일 미군의 한국 항구로의 투입을 차단하기 위한 목적의 스커드 미사일 이동 발사 훈련을 지도하였다.[263] 북한은 해당 훈련이 목표물 상공의 지정된 고도에서 핵탄두를 폭발시키는 상황을 상정한 것이라고 주장하였다.[264] 김정은은 지상, 공중, 해상, 수중 어디에서든 핵 공격을 할 수 있는 준비 태세를 갖춤과 아울러 "새로 연구 제작한 핵탄두의 위력 판정을 위한 핵폭발 시험과 핵 공격 능력을 높이기 위한 필요한 시험들을 계속해 나갈 것."을 지시하였다.[265] 또한, 비상사태하에서 핵 공격 체계가 원활히 작동하도록 하고 핵 무

260 앞의 글.

261 앞의 글.

262 "리수용 북 외무상 "미국에 선제 핵 공격 가할 준비돼"", 《연합뉴스》, 2016년 3월 28일.

263 "경애하는 김정은 동지께서 조선 인민군 전략군의 탄도로케트 발사 훈련을 보시었다", 《노동신문》, 2016년 3월 11일.

264 앞의 글.

265 앞의 글.

력에 대한 유일적 지휘·통제 체제를 수립할 것도 지시하였다.[266]

김정은은 2016년 3월 15일 북한이 전 세계 몇 개 국가만 보유하고 있는 탄도미사일 대기권 재진입 기술을 확보하였다고 선언하고 관련 시뮬레이션 실험을 공개하였다.[267] 아울러, 김정은은 북한이 핵 공격 능력의 신뢰성을 증진하기 위하여 빠른 시일 내에 "핵탄두 폭발 시험과 핵탄두 장착이 가능한 여러 종류의 탄도로케트 시험 발사를 단행할 것."이라고 천명하였다.[268] 김정은은 제4차 핵실험 한 달 만에 '광명성'으로 명명한 장거리 미사일을 시험 발사하였다.[269] 이 발사는 2012년 12월 때와 마찬가지로 3단 분리에 성공한 것으로 평가된다. 북한은 동 발사가 합법적인 우주의 평화적 권리라고 주장하지만 명백히 안보리 결의에 위반되는 불법적 발사이며 그 근본 목표는 북한도 인정한 것처럼 한국과 미국을 타격하기 위한 것으로 판단된다.[270]

북한이 2016년 1월 6일 실시한 제4차 핵실험의 폭발력은 낮게 기록되었다. 폭발력으로만 보면 수소폭탄 실험에 성공하였다는 북한의 주장은 신빙성이 낮아 보이지만 의도된 폭발력일 가능성도 배제할 수

---

266 앞의 글.

267 "주체적 국방 과학기술의 새로운 첨단성과 탄도로케트 대기권 재돌입 환경 모의 시험에서 성공-경애하는 김정은 동지께서 탄도로케트 대기권 돌입 환경 모의시험을 지도하시었다", 《노동신문》, 2016년 3월 15일.

268 앞의 글.

269 "조선민주주의인민공화국 국가우주개발국 보도 지구관측위성 '광명성-4'호 성과 적으로 발사", 《노동신문》, 2016년 2월 8일.

270 "우리 운명의 눈부신 태양을 감히 가리워 보려는 자들을 가차 없이 징벌해 버릴 것이다", 《노동신문》, 2016년 2월 23일.

없다. 김정은 정권은 폭발력과 관련한 문제 제기 가능성을 의식한 듯 영토적인 제약만 없다면 몇백 킬로톤과 메가톤급 수소폭탄을 폭발시킬 능력이 있다고 주장하였다.[271]

북한의 제4차 핵실험은 국내 정치적 목적과 대외적 목적 두 가지를 염두에 둔 것으로 보인다. 국내 정치적 차원에서 김정은은 2016년 5월 36년 만에 개최되는 제7차 노동당 대회에서 자신이 2013년 집권 이데올로기로 주창한 핵 무력·경제 건설 병진노선이 옳을 뿐만 아니라 살아 기능한다는 것을 보여 주어야 하는 과제를 갖고 있었다. 경제 분야에서 내세울 것이 딱히 없는 김정은으로서는 핵무기 개발 분야에서 최대한의 성과를 보여 주는 것이 필요하였다. 1월 6일 실험 이후 북한 정권은 해당 실험이 민족사적 의미를 갖는 젊은 지도자 김정은의 획기적 업적이라고 대대적인 선전전을 전국 단위로 벌였다. 대외적으로는 1.6 핵실험은 국제 사회 특히 미국으로 하여금 핵보유국이 된 북한을 인정하라는 것이며 북한을 비핵화하겠다는 부질없는 노력을 포기하라는 메시지라고 할 수 있다.

북한의 핵보유국 기정사실화 및 비핵화 불가 입장은 북한이 2015년 하반기부터 다시 강화하고 있는 평화협정 체결 요구 공세에서도 여실히 드러났다. 북한은 리수용 당시 외무상이 2015년 10월 3일 유엔 총회 기조연설에서 미국에 대해 '정전협정을 평화협정으로 바꿀

---

271 "병진이 터져 올린 정의의 폭음-조선중앙통신사 론평",《조선중앙통신》, 2016년 1월 12일.

것'을 요구[272]한 것을 시작으로 외무성 성명 및 대변인 담화문, 국영 언론 매체 등을 동원하여 미국이 미-북 평화협정을 받아들이지 않는 한 한반도 비핵화는 절대 실현되지 않을 것이라고 주장하였다.

2015년 10월 17일 북한 외무성 성명은 "우리는 지난 시기 … 6자 회담에서 비핵화 론의를 먼저 해 보기도 하였고, 또 핵문제와 평화 보장 문제를 동시에 론의해 보기도 하였지만 그 모든 것은 실패를 면치 못하였다."면서 그 이유는 한반도 문제의 근원인 미국의 대북 적대시 정책과 핵 위협이 청산되지 않았기 때문이라고 하였다.[273] 따라서 북한은 비핵화가 아니라 미-북 평화협정의 체결이 급선무이고, 만약 미국이 이를 거부하고 대북 적대시 정책을 고수하면 '보다 더 현대화되고 강력한' 북한의 핵 억제력에 직면할 것이라고 주장하였다.[274]

북한은 북한의 핵보유로 인해 "미-북 간 군사력 구도는 달라졌고"[275], 만약 한반도에서 전쟁이 일어나면 "세계적인 핵전쟁[276]으로 확

272 "유엔 총회 제70차 회의에서 우리나라 대표단 단장 연설", 《노동신문》, 2015년 10월 3일.

273 "조선민주주의인민공화국 외무성 성명", 《조선중앙통신》, 2015년 10월 17일. 대북 적대시 정책을 철회하라는 북한 요구의 구체적 내용은 그간의 북한 주장에 비추어 볼 때, (1) 북한에 대한 미국의 핵 위협 제거 및 미국의 한국에 대한 핵우산 제공 철회, (2) 한반도에서의 미군 철수 및 한-미 동맹 해체, (3) 정전협정을 대체하는 미-북 평화협정 체결 등일 것으로 판단된다.

274 "평화협정체결이 조선반도문제해결의 급선무이다", 《조선중앙통신》, 2015년 11월 3일.

275 "미국은 우리의 제안에 성실한 자세로 나와야 한다", 《노동신문》, 2015년 10월 21일.

276 현학봉 주영국 북한 대사는 2015년 9월 30일 Chatham House 연설에서 "만약 한

대될 것."이라면서[277], 평화협정은 비단 한반도의 평화 보장을 위해 필요할 뿐만 아니라 미국과 그 동맹국이 그들 자신의 안전을 지키기 위해서라도 필요하다고 주장하였다.[278] 김정은은 2016년 5월 제7차 노동당 대회에서 미국은 핵 강국이 된 북한을 인정하여 적대시 정책을 철회하고, 평화협정을 체결하며, 주한미군을 철수시키고, 한반도 문제에서 손을 떼라고 요구하였다.[279]

북한은 2015년 7월 14일 타결된 이란 핵협상을 자신과 관련지으려는 시도를 비판하였다. 북한 외무성 대변인은 논평을 통해 북한은 이란과 다르다고 하면서 미국, 한국 등이 이란 핵문제 타결을 빌어 북한의 핵 포기를 압박하는 것에 대해 강한 거부감을 드러내었다. 동 논평은 "…우리는 실정이 완전히 다르다. 우리는 명실공히 핵보유국이며 핵보유국에는 핵보유국으로서의 리해관계가 있는 것이다. 우리는 일방적으로 먼저 핵을 동결하거나 포기하는 것을 론하는 대화에는 전혀 관심이 없다."고 밝혔다.[280]

북한은 핵보유국이 된 자신에 대해 미국과 한국 등이 '핵 포기 대 제제 해제', '핵 포기 대 지원' 또는 '검증 가능, 되돌릴 수 없는 핵 제거'

반도에서 전쟁이 발발하면 전쟁의 범위는 한반도에 머무르지 않을 것이다. 히로시마에 떨어진 것보다 10배 위력의 핵탄두가 태평양을 가로지를 것이고 한반도와 그 주변 어느 곳이 재앙을 겪을지 예측하기 힘들다."라고 언급하였다.

277 "조선반도와 세계평화보장을 위한 선결조건", 《노동신문》, 2015년 10월 24일.
278 "미국은 우리의 제안에 성실한 자세로 나와야 한다", 《노동신문》, 2015년 10월 21일.
279 "조선노동당 제7차 대회에서 한 당 중앙위원회 사업총화 보고 김정은", 《노동신문》, 2016년 5월 8일.
280 "조선민주주의인민공화국 외무성 대변인 대답", 《노동신문》, 2015년 7월 22일.

를 추구하는 것은 현실 오판, 시대착오, 정책 실패라고 주장하였다.[281] 북한은 오바마 행정부의 '전략적 인내' 정책이 "우리의 자위적인 핵 억제력 강화를 가로막은 것이 아니라 오히려 우리의 핵보유국 지위를 굳건히 해 주는 결과만을 초래하였다."고 비판하면서, 자신들이 핵무기를 먼저 포기할 때까지 압박과 제재를 가하면서 기다리겠다는 전략적 인내 정책에 결코 굴복하지 않겠다는 뜻을 확고히 하였다.[282]

다른 것은 차치하고 비핵화에 관해 북한 정권이 하는 말들만 놓고 보면 과연 핵무기를 포기할 일말의 생각은 있는지 의문이 든다. 국제법과 국제 규범을 위반하고 국제 사회를 기만하여 핵무기를 개발해 놓고서, 자신의 입으로 이야기하는 것처럼 안전 보장, 관계 정상화, 평화협정, 제재 해제, 경제 지원 등 그 어떤 상응조치를 놓고도 비핵화를 논의할 생각이 없고 그러한 접근은 잘못이고 현실 오판이자 시대착오라고 주장하는 것이다. 북한 정권의 본심은 다른 데 있는 것은 아닐까?

북한 핵무기 연구소는 2016년 9월 9일 풍계리 핵실험장에서 조선로동당의 전략적 핵무력 건설 구상에 따라 '새로 연구 제작한 핵탄두의 위력 판정을 위한 핵폭발 시험을 단행하였고', 이는 북한 전략군 화성포병부대의 전략 탄도미사일에 장착할 수 있도록 '표준화, 규격화된 핵탄두'를 시험한 것이라고 발표하였다.[283]

북한의 제5차 핵실험은 증폭 핵분열탄 또는 수소탄급으로 평가된

281 "실책은 시대와 현실에 대한 오판에서부터-《북핵문제해결》을 떠드는 미국 위정자들의 정책을 진단하며-",《우리민족끼리》, 2015년 8월 2일.
282 "미국은 세계 여론에 귀를 기울여야 한다",《노동신문》, 2015년 8월 28일.
283 "조선민주주의인민공화국 핵무기연구소 성명",《조선의 오늘》, 2016년 9월 9일.

다. 북한은 "핵탄두가 표준화, 규격화됨으로써 … 소형화, 경량화, 다종화된 보다 타격력이 높은 각종 핵탄두들을 마음먹은 대로 필요한 만큼 생산할 수 있게 되었다."면서 자신들의 핵무기 제조 수준이 크게 향상되었다고 하였다.[284] 북한의 김책공업종합대학 김성원 학부장은 핵탄두 폭발 시험이 '핵무기 병기화의 가장 높은 단계'라고 하였다.[285]

북한 정권은 핵 무력의 질량적 강화 조치를 중단하지 않을 것이고 한국과 미국에 대한 핵 공격 능력을 계속 키워 나갈 것이라고 밝혔다. 유엔 안보리는 북한의 제5차 핵실험에 대해 유엔 회원국의 권리 및 특권 정지가 가능함을 엄중 경고하고, 해운·항공 운송 및 금융 제재 강화, 북한산 석탄 수출 상한제 도입 등을 골자로 한 결의 2321호를 채택하였다.[286] 2022년 9월 22일 북한 인민군 총참모부 대변인은 담화를 통해 "우리가 발사하는 징벌의 핵탄은 청와대와 반동 통치기관들이 몰려 있는 동족 대결의 아성 서울을 완전 잿더미로 만들어 버릴 것이고", "…도발의 본거지 괌도를 아예 지구상에서 없애 버리고 말 것이다."라고 협박하였다. 북한 리수용 당시 외무상은 2022년 9월 23일 유엔 총회 기조연설에서 "미국의 가중되는 핵전쟁 위협으로부터 우리의 존엄과 생존권을 보위하고 진정한 평화를 수호하기 위한 핵 무력의 질량적 강화 조치는 계속될 것."이라고 밝혔다.[287] 북한 외무성은 2022

---

284 앞의 글.

285 "핵의 발견과 핵무기의 출현", 《조선의 오늘》, 2016년 9월 18일.

286 안보리 결의는 유엔 홈페이지 안보리 섹션 문서(documents)란에 연도별로 게재되어 있다. 안보리 결의 2321호는 2016년도 리스트에 있다.

287 리수용 북한 외무성 연설은 2022년도 제76차 유엔 총회 기조연설(General

년 11월 22일 비망록과 11월 25일 담화를 통해 미국의 핵 위협으로부터 국가와 정권을 보호하기 위한 자위적 핵 무력을 지속 강화할 것이라고 밝혔다.

---

debate)란에서 검색할 수 있다.

7. 핵과학자를 동원한 핵무기 기술력 과시

북한 김정은 정권은 핵무기 개발과 관련한 특별한 진전이 있을 때마다 핵과학자나 관련 대학 관계자들을 동원하여 해당 성과를 홍보한다. 그러한 홍보는 대체로 과대 포장되는 경향이 있기 때문에 곧이곧대로 신뢰할 필요는 없다. 그렇지만 그 내용 속에는 북한의 핵무기프로그램이 어디를 지향하고 있는지를 가늠할 수 있는 요소들이 있기 때문에 유의할 필요가 있다. 또한 그들의 언급 내용을 보면 핵무기와 관련된 지식이 일천하지 않고 다른 핵보유국의 사례를 연구하는 등 계속 탐구하고 있다는 느낌을 지울 수가 없다. 지식 도구를 통한 체제 선전 노력의 일환이라고 할 수 있겠다. 그리고 그 같은 선전 활동은 정권 수뇌부의 지시에 따라 앞으로도 계속될 것이다.

김정은이 2016년 3월 9일 소형화된 핵탄두로 보이는 구형 물체를 선보인 후 조형일이라는 핵과학자는 핵무기의 소형화, 경량화, 정밀화의 개념에 대해 상세히 설명하면서 북한의 핵무기는 이 세 가지 모두를 달성한 위력적인 전쟁 억제력이라고 자랑하였다.[288] 북한이 이들 개념을 어떻게 이해하고 있는지를 알아보는 차원에서 조형일이 설명한 내용을 소개해 본다.[289]

"핵무기의 소형화는 핵폭탄의 폭발력을 15킬로톤(kt) 이하로 만드는 것을 말한다. 핵무기 소형화는 … 현대전에서 폭발력이 큰 핵무기를 쓰는 것이 실제적으로 어려운 문제이기 때문에 군사적 목적 달성을 위한 핵무기 사용에서 보

---

288 "소형화, 경량화, 정밀화된 핵무기", 《조선의 오늘》, 2016년 3월 13일.
289 앞의 글.

다 높은 효과성을 얻기 위해서이다. 핵무기의 소형화는 투입되는 핵물질의 양을 줄일 수 있기 때문에 경제적으로도 중요하다. 많은 핵보유국들이 소형화 방향으로 가고 있다.

핵무기의 경량화는 핵폭탄의 총체적 질량을 가볍게 만드는 것을 말한다. 원자탄의 외피의 무게는 상당히 무거운데 이럴 경우 원자탄을 다루고 이용하기에 매우 불리하고 특히 탄도미사일의 사거리에 큰 영향을 미친다. 그래서 야금기술을 이용하여 외피의 무게를 줄여 핵무기를 경량화한다. 2016년 3월 9일 공개한 혼합장약 구조로 설계 제작된 핵탄두는 경량화하여 탄도미사일에 맞게 표준화, 규격화를 실현한 것이다.

핵무기의 정밀성은 핵폭발이 얼마나 정확히 진행되고 대상물을 얼마나 정확히 명중하느냐에 따라 결정된다. 일본 히로시마에 떨어진 핵폭탄에 사용된 우라늄 전체량은 30킬로그램이었는데 그 위력은 약 1킬로그램의 우라늄이 분열할 때 나오는 에너지에 불과했고 29킬로그램의 우라늄은 손실된 것이다. 핵무기의 정밀화 문제를 해결하지 못했기 때문이다. 대상물을 정확히 명중하는 것도 정밀화의 중요한 요건이다. 핵무기가 아무리 위력적이라고 하더라도 대상물을 정확히 명중하지 못하면 필요가 없다.

오늘 우리는 소형화, 경량화, 정밀화된 핵폭탄과 대륙간탄도미사일을 비롯하여 모든 것을 가지고 있다. 지금까지의 지하 핵실험을 통해 핵폭탄의 우수한 성능을 물리적으로 검증하였다. 특히 우리가 개발한 수소탄의 위력은 상상을 초월한다. 만일 우리의 수소탄이 대륙간탄도미사일에 탑재되어 미국의 뉴욕 맨해튼 상공에 떨어지면 주민 전체가 즉사하고 온 도시가 잿더미가 될 것이다."

북한 김책공업종합대학 김성원 학부장은 「다종화되고 있는 핵무기」라는 제목의 글을 통해 북한이 원자탄과 함께 수소탄을 보유한 핵보유국이라고 하면서 지구상에 존재하는 핵무기의 종류를 원자탄, 수소탄, 특수 성능 핵무기로 나눠 설명하였는데, 이는 마치도 북한의 핵무기프로그램이 앞으로 계속 다양화될 것임을 암시하는 것 같다.[290] 특히 특수 성능 핵무기로서 중성자탄, 방사능오염감소탄, X선증강탄, 전자기임플스탄을 소개한 것이 흥미로웠다. 한편, 핵과학자 김주일은 북한의 과학자, 기술자들이 핵무기의 소형화, 경량화를 실현하였을 뿐만 아니라 탄도미사일 탄두의 대기권 재진입 환경 모의시험에서 성공함으로써 "군사 대국이라 자처하는 몇 개 나라들에서만 보유하고 있는 대기권재돌입기술을 보유함으로써 탄도로케트 기술 발전에서 커다란 진전을 이룩하는 자랑찬 성과도 거두었다."고 하였다.[291]

---

290 "다종화되고 있는 핵무기", 《조선의 오늘》, 2016년 9월 20일.

291 "높은 수준에 올라선 우리의 핵무기 기술", 《조선의 오늘》, 2016년 3월 17일.

제4부

핵무장
굳히기 전략

1. 핵보유국 주장의 총결산
제7차 당대회 및 비핵화 5대 조건

집권 5년 차에 접어든 김정은은 2016년 5월, 36년 만에 개최된 제7차 북한 노동당 대회에서 비핵화에 관한 어떠한 여지도 주지 않은 채 오로지 핵보유국으로 행세하겠다는 뜻을 분명히 하였다.

그는 "핵보유국의 지위에 맞게 대외 관계 발전에서 새로운 장을 열어 나가야 한다."고 하면서, 대외사업 부문(외무성)에게 대외활동에서 핵보유국 지위를 고수하라고 지시하였다.[292] 김정은의 이 지시에 따라 리수용 당시 북한 외무상은 당대회 외교 부문 대표 토론자로 나서서 '핵보유국의 지위를 견지하는 원칙을 틀어쥐고' 미국과 투쟁해 나가겠다고 맹세하였다.[293] 김정은의 핵보유국 지위의 국제적 인정 확보 및 공고화 지시에 따라 북한 외무성은 어떠한 구체적 대책을 마련하였을까? 그리고 일선의 북한 외교관들에게는 어떠한 지침이 하달되었을까?

김정은은 미국의 핵 위협과 적대시 정책이 계속되는 한 북한은 핵무기프로그램을 계속 고도화할 것이라면서 국방공업 부문에게 "당의 새로운 병진로선의 요구에 맞게 핵 기술을 끊임없이 발전시켜 핵무기의 소형화, 다종화를 높은 수준에서 실현하고 핵 무력을 질량적으로 강화하여 우리 조국을 '동방의 핵강국'으로 빛내라."는 과업을 명령하였다.[294]

---

292 "조선로동당 제7차 대회 결정서 주체 105(2016)년 5월 8일 조선로동당 중앙위원회 사업총화에 대하여", 《노동신문》, 2016년 5월 9일.

293 "리수용 대표의 토론", 《노동신문》, 2016년 5월 8일.

294 김정은의 명령에 대해 노동당 대회 핵 분야 대표 토론자로 나선 왕창욱은 "당의 핵무력 건설 사상과 방침을 관철하여 … 우리식의 다양한 최첨단 핵무기들을 더 많이 개발, 생산하겠다."고 하였다. 다음을 보라. "왕창욱 대표의 토론", 《노동신문》, 2016년 5월 8일.

김정은은 2010년 4월 21일 발표한 「한반도와 핵」 비망록과 2013년 4월 제정한 「핵보유국 지위 강화 법령」에서와 같이 북한은 어디까지나 핵보유국 자격에서 핵 정책을 운영할 것이라고 밝혔다.[295] 예컨대, 북한은 다른 핵보유국들과 함께 세계의 비핵화를 위해 노력할 것이고, 침략 세력에 대해 핵무기 사용 옵션을 실행함에 있어서 신중을 기할 것이며, 핵비보유국이 아닌 핵보유국의 입장에서 핵 확산 방지 의무를 이행하겠다는 것이다.[296] 비록 북한이 어떠한 유형의 핵보유국 모델을 목표로 하는 것인지는 알 수 없으나 제7차 노동당 대회에서 드러난 북한 김정은의 입장에 비추어 보면 북한은 핵무기 보유를 영구화하고 실전 배치하는 방향으로 나아가고 있는 것만큼은 틀림없어 보였다.

김정은 정권은 제7차 노동당 대회를 통해 핵보유국 지위 주장을 공고하게 하는 동시에 미국과 한국이 요구하는 북한의 선 핵무기 포기는 결코 받아들일 수 없다는 뜻을 분명히 하였다. 북한은 자신들이 생각하는 비핵화의 개념과 그 실현을 위한 5가지 요구를 미국과 한국에게 제시하였다. 2016년 7월 6일 정부 대변인 성명을 통해 북한 김정은 정권이 밝힌 5가지 요구는 (1) 한국에 반입한 미국의 모든 핵무기 공개, (2) 한국 내 모든 핵무기와 핵무기 기지 철폐 및 철폐 검증, (3) 한반도 및 그 주변 지역에 미국의 핵 타격 수단 반입 금지 약속, (4) 북한

295 "조선노동당 제7차 당대회에서 한 당 중앙위원회 사업총화 보고 김정은", 《노동신문》, 2016년 5월 8일.

296 앞의 글.

에 대한 미국의 핵 위협 및 핵 사용 금지 약속, (5) 한국으로부터 미군 철수이다.[297] 북한은 이 다섯 가지 요구가 받아들여지면 자신들도 그 것에 상응하는 조치를 취할 것이지만 그렇지 않는 경우에는 계속해서 핵무기프로그램을 질량적으로 강화할 것이라고 하였다.[298]

북한이 밝힌 이 5가지 비핵화 조건은 추후 2018년 한국 특사가 북한을 방문하였을 때 북한 김정은이 밝혔다는 비핵화 의사와 자주 대비되면서 과연 비핵화에 관한 북한의 진의는 무엇인지 계속해서 논란이 되고 있다. 2016년 7월 6일의 북한 성명의 행간의 의미를 살펴보면 다음과 같다.

우선 북한은 자신들이 핵무기를 개발한 까닭은 미국이 한국전쟁 시기부터 줄곧 핵무기로 자신들을 위협하고 북한 체제를 없애려 하기 때문에 이에 대응하기 위한 것이라고 주장한다. 북한의 이 주장은 물론 진실이 아니다. 북한 김일성은 대한민국을 적화통일하기 위해 1950년 남침을 감행하였으나 결국 실패하고 국내 정치적으로 궁지에 몰리게 된다. 정권 보전을 위해서는 내부의 불만을 미국으로 돌릴 필요가 있었고 미국의 핵무기는 다른 그 무엇보다 좋은 구실이 되었다.

북한 정권은 북한 주민들뿐만 아니라 국제 사회마저 현혹하고 오도하기 위해 미국의 핵에 관한 역사적 사실 관계를 교묘하게 비틀어 왔다. 물론 한국 전쟁 당시 미국의 북한에 대한 핵무기 사용 위협이

---

297 "조선정부 대변인 성명, 조선반도 비핵화에 관한 원칙적 요구 천명",《노동신문》, 2016년 7월 6일.

298 앞의 글.

있었기는 하지만 북한 핵 문제의 근원은 북한 정권이 주장하는 것처럼 미국의 대북 핵 위협이 전부는 아니다. 한국전쟁 종료 후 국내 정치적으로 살아남고 북한은 미국에 결코 패배하지 않았다는 것을 보여주기 위한 김일성의 정권 생존 전략이 보다 근원적인 출발점이라고 할 수 있다.

비핵화와 관련하여 북한의 또 다른 핵심 주장은 미 제국주의가 남아 있고 자신들에 대한 미국의 대북 적대시 정책과 핵 위협이 존재하는 한 자신들이 핵을 포기하는 일은 없을 것이라는 것이다. 미 제국주의와 대북 적대시 정책이 무엇을 의미하는지는 결국 북한이 자의적으로 판단하겠다는 것이고,[299] 미국의 핵무기는 미국의 세계 안보 전략 속에서 운영되는 것이기 때문에 북한의 불법 핵무기프로그램과 연계되어 검토될 수 없다. 이를 감안하면 결국 북한의 이 주장은 원천적으로 실현되기 힘든 조건을 내걸고 있는 것이나 진배없다.

비핵화와 관련한 북한의 세 번째 주장은 비핵화의 지리적 범주에 관한 것이다. 북한은 '한반도'의 비핵화를 내세우는데 그 속에는 한국의 비핵화와 한국 주변의 비핵화가 포함된다고 주장한다.[300] 북한은

---

299 대북 적대시 정책의 의미와 관련하여 2003년 8월 29일 제1차 6자 회담 당시 북한 수석대표 김영일 외무성 부상은 미국이 북한을 적대시하지 않는다는 판단의 기준으로 다음 3가지 조건을 주장하였다고 이수혁 당시 한국 수석대표(전 외교부 차관보)가 밝혔다. (1) 북-미 불가침 조약이 체결되어야 할 것, (2) 북-미 외교관계가 수립되어야 할 것, (3) 북한과 다른 나라 간 경제 거래를 미국이 방해하지 않아야 할 것. 이것에 관해서는 다음을 보라. 이수혁, 『전환적 사건』(중앙 books, 2008), p. 95.

300 태영호는 그의 자서전에서 북한의 그 같은 입장을 확인해 주는 중요한 일화를 소개하고 있다. 2006년 10월 9일 북한의 1차 핵실험이 있은 사흘 후에 중국 리자오싱 외

핵무기에 관한 국제 규범의 근간인 핵비확산조약(NPT)을 위반하여 불법적으로 핵무기를 개발해 놓고서도 국제 사회가 자신들의 핵무기만 포기하라고 요구하는 것은 부당하므로 받아들일 수 없고, 북한의 핵무기뿐만 아니라 전 세계의 모든 핵무기를, 특히 미국의 핵무기를 함께 폐기하는 조건에서라면 비핵화를 고려해 볼 수 있다고 주장하는 것이다. 만약 북한 정권이 비핵화에 관해 이와 같은 입장을 계속 고수한다면 북한 비핵화의 전망은 어두울 수밖에 없다.

교부장이 중국 선양에서 북한 강석주 외무성 1부상을 만나서 김일성의 한반도 비핵화 유언을 언급하면서 북한의 핵개발 중단을 촉구하자 강석주는 비핵화에 관해 다음과 같은 입장을 밝혔다고 한다. 첫째, 한반도 비핵화는 북한에만 한정된 것이 아니고 한국까지 포함하는 한반도 전체의 비핵화이다. 둘째, 미국이 한반도에서 핵전쟁 연습을 하고 언제든 핵무기 자산을 한반도에 전개할 수 있는 한 한반도 비핵화는 불가능하다. 셋째, 오직 북한의 핵으로 미국의 핵을 몰아내고 미국으로부터 핵 불사용 보장을 받아낼 때에만 비핵화가 가능하다. 다음을 보라. 태영호, 『3층 서기실의 암호』(기파랑, 2018), p. 240-242.

2. 핵무장 완결 위한 미사일 개발 가속: '신속-정확-강력' 3원칙

통상 한 국가의 핵무기 체계가 완결성을 갖기 위해서는 3가지가 요구된다. 첫 번째는 핵무기급(weapon-grade) 핵물질을 확보하는 것인데, 통상 90% 이상 농축된 고농축우라늄(HEU: highly enriched uranium)과 93% 순도 이상의 플루토늄(PU: plutonium)이 필요하다. 두 번째는 무기급 핵물질을 실제 핵폭탄으로 만드는(영어로는 weaponization, 북한 용어로는 병기화) 과정(조립, 점화 및 폭발 시스템, 재진입 기술 등)이고, 세 번째는 핵무기를 목표물까지 운반할 수 있는 수단(전략폭격기, 미사일 또는 잠수함)이다. 북한이 핵무기급 고농축우라늄과 플루토늄을 확보하고 있는 것은 의심할 수 없는 사실이고[301], 폭탄 제조와 운반 수단 시스템 관련하여서도 상당한 능력을 보유하고 있다는 것이 대체적인 평가이다. 여기서는 핵무장의 세 번째 요건인 핵 운반 수단에 관한 북한 정권의 노력을 상세하게 살펴보려 한다.

김정은은 2016년 5월 제7차 노동당 대회 이후 핵무기 병기화 사업과 더불어 핵 운반 수단의 개발과 그 성능 강화에 박차를 가한다. 북한이 밝힌 미사일 무력 건설의 3대 원칙은 '신속, 정확, 강력'이다.[302] 이 3원칙하에서 김정은 정권은 신속 발사 능력 향상을 위해 미사일 엔진을 액체 연료에서 고체 연료로 전환하고, 미사일의 정확성 제고를

---

301 북한이 핵무기 제조용 핵물질을 얼마만큼 보유하고 있는지는 북한 핵프로그램에 대한 국제원자력기구(IAEA) 등 국제 사회의 접근이 안 되는 상황이기 때문에 정확한 산출은 어렵고 추정할 수밖에 없다.

302 "조선민주주의인민공화국 미싸일총국 신형 중장거리 극초음속미싸일 시험 발사에 성공",《노동신문》, 2024년 4월 3일.

위해 유도 기술을 향상시키고, 강력한 능력 달성을 위해 다양한 미사일에 핵폭탄 탑재가 가능하도록 하고 사거리를 늘리는 노력을 지속적으로 전개하고 있다.

김정은은 2024년 4월 2일 모든 사거리의 북한 미사일들이 핵무기를 탑재할 수 있고 원하는 목표물을 타격하는 유도 기술을 완비했으며 신속한 발사가 가능한 고체 연료를 사용하는 체계를 구축하였다고 밝혔다. 김정은은 2024년 4월 2일 신형 극초음속 미사일 '화성-16 나형' 발사 실험을 참관하면서 북한은 "각이한 사거리의 모든 전술, 작전, 전략급 미싸일들의 고체연료화, 탄두조종화, 핵무기화를 완전무결하게 실현하였다."고 하였다.[303] 북한 미사일이 김정은이 말한 수준에까지 도달했는지에 대해서는 의문이 존재한다. 다만 북한 미사일프로그램이 김정은이 언급한 목표인 '신속-정확-강력'을 지향하고 있는 것은 분명하다.

북한은 김일성, 김정일, 김정은 3대 세습 기간 내내 미사일 개발에 매진하였는데, 김정은이 집권하면서부터 미사일과 방사포의 개발과 발사 시험은 양과 질 측면 모두에서 압도적으로 증가한다. 김정은 정권은 130킬로미터부터 15,000킬로미터까지 모든 사거리[304]의 미사일

---

303 앞의 글.

304 탄도미사일의 사거리에 따른 구분 관련 국제적으로 확립된 기준은 없다. 통상적으로 단거리(SRBM)는 1,000킬로미터 이하, 준중거리(MRBM)는 1,000~3,000킬로미터, 중거리(IRBM)는 3,000~5,500킬로미터, 대륙 간(ICBM)은 5,500킬로미터 이상으로 구분한다. 참고로 북한과 미국 주요 도시 간 거리 추정치를 살펴보면, 괌(3,400킬로미터), 알래스카(5,600킬로미터), 하와이(7,100킬로미터), 시애틀(7,600킬로미터), 샌프란시스코(8,600킬로미터), 시카고(10,000킬로미터), 워싱턴 D.C(10,700킬로미터)이다.

을 개발, 시험 발사하고 있다. 2016년부터 김정은 정권의 미사일과 방사포 시험 발사 통계 추정치를 보면,[305] 2016년 총 19회 37발, 2017년 총 18회 26발, 2019년 총 13회 25발, 2020년 총 5회 11발, 2021년 총 8회 12발, 2022년 총 41회 73발, 2023년 총 31회 52발을 발사하였다. 2024년 들어서도 안보리 결의를 위반한 북한의 미사일 도발은 현재 진행형이다. 참고로 2018년은 한국, 미국과의 비핵화 협상이 진행 중인 것을 감안해서인지 북한의 미사일 도발은 없었다.

2019년 발사의 경우 25발 모두 고체연료 탄도미사일이었는데 단거리가 24발, 중거리가 1발이었다. 2020년의 경우는 11발 모두 고체연료 단거리 탄도미사일이었다. 2021년은 12발을 발사하였는데 단거리 순항미사일 4발, 단거리 탄도미사일 4발, 장거리 순항미사일 1발, 극초음속 미사일 1발, 소형 잠수함발사탄도미사일(SLBM) 1발이었다. 이 중에서 단거리 탄도미사일 2발은 터널에서 나온 열차를 이용하여 발사함으로써 미사일 발사 플랫폼을 다변화했다는 것을 과시하였다.

2022년 북한은 가장 많은 미사일 도발을 감행하였는데, 고체연료 단거리 탄도미사일 56발(그중 2발은 수중발사탄도미사일)과 액체연료 탄도미사일 17발이었다. 액체연료 17발 중 대륙간탄도미사일(ICBM)급이 8발이었다. 2023년 북한이 발사한 종류별 미사일과 발사 횟수는 대륙간탄도미사일 5회, 중거리 탄도미사일 1회, 단거리 탄도

---

305 북한의 미사일 도발 연혁 상세는 유엔 안보리 대북제재위원회 산하 전문가 패널 보고서나 '나무위키'가 정리한 연도별 집계에 잘 나와 있다. 아울러 《연합뉴스》 등 국내 언론 매체도 연도별 미사일 발사 일지를 그림이나 도표로 정리하여 독자들의 이해를 돕고 있다.

미사일 13회, 순항미사일 6회 등이다. 2024년 북한은 6월 말 시점까지 다탄두 미사일 실험 주장 1회, 중거리 탄도미사일(극초음속미사일) 2회, 단거리 탄도미사일 4회, 순항미사일 6회, 수중 드론 1회, 지대공미사일 2회, 다연장로켓 1회, 정찰위성 1회 등을 발사하였다.

2016년과 2017년 김정은 정권은 한반도 유사시 태평양 괌에 있는 미군 전력의 한반도 전개를 견제하기 위한 목적의 중거리 미사일 발사에 힘을 기울였다. 대표적인 것이 화성-10(무수단) 미사일과 화성-12(KN-17) 미사일이었다. 북한은 동 미사일의 발사 주체가 '전략군 화성포병부대'라고 밝혔다. 화성-10(무수단)[306] 경우 2016년 4월부터 10월까지 약 8발의 시험 발사가 있었는데 7차례는 실패하고 1차례(2016년 6월 22일)만 성공을 거두었다. 김정은은 성공한 2016년 6월 22일 시험 발사를 지도하면서 "태평양 작전 지대 안의 미국 놈들을 전면적이고 현실적으로 공격할 수 있는 확실한 능력을 갖게 되었다."면서 선제 핵 공격 능력을 지속적으로 확대 강화해 나갈 것임을 천명하였다.[307]

화성-10(무수단)의 거듭된 시험 발사 실패에도 불구하고 개발을 강행한 것은 북한 정권의 속성과 핵미사일 개발 과정의 특징을 보여 준

---

306 화성-10(무수단)은 사거리 3,500킬로미터 이상으로 추정되며 액체연료를 사용하는 1단형 미사일이다.

307 "주체 조선의 국방력 일대 과시, 지상 대 지상 중장거리 전략 탄도로케트 《화성-10》 시험발사에서 성공 경애하는 김정은 동지께서 지상 대 지상 중장거리 전략 탄도로케트 《화성-10》 시험발사를 현지에서 지도하시었다", 《노동신문》, 2016년 6월 23일.

다. 그 특징이란 한마디로 김정은 수령 체제에서 김정은 명령은 목숨 걸고 반드시 이행되어야 한다는 것을 말한다. 김정은은 6월 22일 발사 성공에 대해 '당의 결심은 곧 조선의 실천이라는 진리'가 다시 한번 확증되었다고 하였다.[308] 또한 북한 국방 과학자들과 기술자들은 한 우물만 파는 식으로 주어진 무기 개발에 평생을 매달리고 실패를 통해 배운다는 것이다. 물론 그 과정에서 그들이 갖게 될 심리적 압박과 고통은 엄청날 것으로 본다.

김정은 정권은 2017년 4월부터 9월까지 새로운 중거리 미사일인 화성-12(KN-17)[309] 시험 발사를 6차례 실시한다. 그 중 2차례는 실패한 것으로 평가된다. 화성-12는 2016년 최소 7차례 시험 발사에서 실패를 했던 화성-10(무수단) 중거리 미사일 체계의 불안정성을 보완하기 위한 차원으로 보인다. 김정은은 2017년 5월 14일 시험 발사를 참관하고 화성-12 미사일이 대형 중량의 핵탄두 장착이 가능하다고 자랑하면서 북한은 명실상부한 핵과 미사일 강대국[310]으로서 자신의 탄도미사일들이 미국에게 실질적 위협을 가할 수 있는 능력을 갖추었다고 선전하였다.[311]

---

308 앞의 글.

309 화성-12(KN-17)는 화성-10(무수단)과 마찬가지로 액체 추진 1단형 미사일로서 사거리는 3,700킬로미터로 추정된다.

310 북한 김정은 정권은 북한이 동방의 핵강국, 아시아의 로케트 맹주국 지위에 올라섰다고 내세운다.

311 "주체적 핵강국 건설사에 특기할 위대한 사변 지상 대 지상 중장거리 전략탄도로케트 《화성-12》형 시험발사 성공 경애하는 최고령도자 김정은 동지께서 새형의 로케트 시험발사를 현지에서 지도하시었다", 《노동신문》, 2017년 5월 15일.

김정은은 화성-12를 개발한 과학자와 기술자들에게 성과에 만족하지 말고 더 정밀하고 다양한 핵무기와 핵미사일들을 더 많이 생산하고 필요한 시험 준비를 하라고 명령하였다.[312] 김정은은 2017년 8월 29일과 9월 15일 또 다시 화성-12 시험 발사를 현장 지도하고, 화성-12 중거리 미사일의 목표가 핵무기의 전력화이며 그 실제적인 표적은 태평양 괌에 있는 미군 기지라고 하였다. 8월 29일 시험 발사 훈련에 대해 김정은은 "태평양에서의 군사 작전의 첫걸음이고 침략의 전초 기지인 괌도를 견제하기 위한 것이다."라고 하고, 앞으로 태평양을 목표로 탄도미사일 발사 훈련을 많이 하여 핵무기의 전략화, 실전화, 현대화를 도모해 나갈 것이라고 밝혔다.[313]

김정은은 9월 15일 발사 훈련을 참관하고 자신의 최종 목표는 미국과 실제적인 힘의 균형을 이루어 미국으로 하여금 '자신의 체제를 위협하지 못하도록 하는 것'이기 때문에 계속해서 핵 반격 능력을 진전시켜 나갈 것이라고 하였다.[314] 김정은의 이 고백은 핵무기 능력의 확보가 자신의 체재 보전을 위해 필수 불가결하다는 의미이다.

북한은 일본 열도를 사정거리에 두는 준중거리 미사일인 북극성-2(KN-15)도 개발, 시험하고 있다. 북극성-2는 북한이 2016년 8월 시험 발사한 잠수함발사탄도미사일(SLBM)을 지상형으로 개조한 고

312 앞의 글.

313 "경애하는 최고령도자 김정은 동지께서 조선인민군 전략군의 중장거리 전략 탄도로케트 발사 훈련을 지도하시었다", 《노동신문》, 2017년 8월 30일.

314 "경애하는 최고령도자 김정은 동지께서 중장거리 전략 탄도로케트 《화성-12》형 발사 훈련을 또 다시 지도하시었다", 《노동신문》, 2017년 9월 16일.

체 추진 2단형 미사일로서 사거리는 약 1,200킬로미터로 추정된다. 김정은은 2017년 2월 12일 북극성-2 시험 발사를 현장 지도하면서 북극성-2가 새로 개발한 대출력 고체엔진을 사용하는 위력적인 핵 공격 수단이고, 이로써 북한의 미사일 군수산업이 액체 엔진에서 대출력 고체엔진으로 전환되었다고 의미를 부여하였다.[315] 김정은은 2017년 5월 25일 다시 한번 북극성-2 시험 발사를 실시하고 동 미사일을 대량 생산하여 전략군에 실전 배치할 것을 지시하였다.[316]

김정은은 미국을 겨냥한 대륙간탄도미사일(ICBM)의 역량 확대를 위해 기존의 액체 연료 엔진의 추력을 향상시키는 것과 더불어 고체 연료 엔진 개발에 힘을 쏟았다. 북한은 2016년 4월과 9월, 2017년 3월에 신형 ICBM용 대출력 엔진 지상분출 시험을 하였다. 북한은 2017년 3월 시험에 대해 '3·18 혁명'이라고 명명하면서 로케트 산업에 큰 진전을 거두었고 우주 개발 분야에서도 세계적 수준의 위성 운반 능력을 위한 과학 기술적 토대를 마련하였다고 의미를 부여하였다.

이러한 발사체 엔진의 성능 개선에 기초하여 북한은 2017년 7월 4일과 7월 28일에 화성-14형 ICBM을 시험 발사하고 11월 29일에는 화성-15형 ICBM 시험 발사에 성공하였다. 북한은 미국 독립기념일에 실시한 7월 4일 시험 발사에 대해 미국에 대한 항전에 있어서 또 하나의 빛나는 승리라고 하면서 이를 '7·4 혁명'이라고 지칭하였다. 그리

---

315 "지상 대 지상 중장거리 전략탄도탄《북극성-2》형 시험발사에서 완전 성공 경애하는 최고령도자 김정은 동지께서 새 전략무기 시험발사를 현지에서 지도하시었다", 《노동신문》, 2017년 2월 13일.
316 앞의 글.

고 최대 정점 고도 3,724킬로미터, 비행거리 998킬로미터, 비행시간 47분 12초를 기록한 7월 28일 발사에 대해서는 임의의 지역과 장소에서, 임의의 시간에 ICBM을 기습 발사할 수 있는 능력이 시현된 것이라면서 '7·28 기적적 승리'라고 하였다.

북한은 국방력 강화를 위한 2023년도 무기 개발의 중점 과제를 화성-18 ICBM 개발과 중거리 탄도미사일의 성능 개선으로 설정하였다고 밝히면서 새로 개발한 중거리 탄도미사일에 사용될 대출력 고체연료 엔진 시험을 2023년 11월 11일과 11월 14일에 각각 실시하였다.[317] 북한은 동 고체연료 엔진 시험이 북한 군사력의 '전략적인 공격력을 보다 제고하기 위한 필수적인 공정'이라고 하였다.[318]

---

[317] "미싸일 총국 새형의 중거리 탄도미사일 고체연료 발동기 시험 진행", 《노동신문》, 2023년 11월 15일.
[318] 앞의 글.

3. 수소폭탄 실험과 국가 핵 무력 완성 선언

북한 김정은은 자신의 통치와 관련하여 2017년을 핵무기 개발에 있어서 기념비적인 해로 만들기로 작정한 듯하다. 김정은의 목표는 북한의 핵미사일 능력이 미국 본토를 직접 공격할 수 있는 수준에 도달했다는 것을 공식 선언하는 데 있었던 것으로 보인다. 그 목표 아래 김정은은 두 가지에 매진하였다. 하나는 대륙간탄도미사일(ICBM)에 탑재할 수 있을 정도로 경량화되고 파괴력이 큰 수소폭탄을 제작하여 시현하는 것이었고, 다른 하나는 미국 본토에 도달할 수 있는 ICBM의 향상된 능력을 보여 주는 것이었다. 달리 말하자면, 미국에 대해 핵 보복을 할 수 있는 '2차 타격 능력(Second-Strike Capability)'[319]의 확보를 추구하고 그 성공을 공식 선언하겠다는 것으로 판단된다.

첫 번째 과제와 관련하여 김정은은 2017년 9월 2일 핵무기화(weaponization)-북한은 이를 핵무기 병기화라고 지칭한다-를 담당하는 핵무기 연구소를 방문하여 북한의 화성-15 ICBM 탄두에 장착할 핵폭탄을 시찰하였다.[320] 북한은 이 핵폭탄이 새로 개발한 수소폭탄이

---

319 핵무기 이론에서 '2차 타격 능력'이란 2차 반격 능력으로도 불리어지는데, 핵 선제공격을 받은 후 공격자에 대해 감내하기 어려운 피해를 가하기에 충분한 강도의 핵 보복 능력을 의미한다. 이 능력은 적의 최초 핵 공격에서 살아남을 정도로 크고 다양한 핵전력 및 관련 기간 시설의 보유를 전제로 한다. 다음을 보라. Steve Tulliu and Thomas Schmalberger, 『Coming to Terms with Security: A Lexocon for Arms Control, Disarmament and Confidence-Building』(UNIDIR, 2003), P. 114. 참고로 이 책은 당시 주제네바 한국 대표부에서 근무하던 이충면 서기관에 의해 『군비통제, 군축 및 신뢰구축 편람』 제목으로 번역되었다.

320 "경애하는 최고 령도자 김정은 동지께서 핵무기 병기화 사업을 지도하시었다", 《조선중앙통신》, 2017년 9월 3일.

고 타격 대상에 따라 수십 킬로톤의 폭발력에서부터 수백 킬로톤의 폭발력까지 자유롭게 조정할 수 있다고 주장하였다.[321] 또한 놀랍게도 북한은 전자전(EMP) 공격 능력까지 언급하였는데, "우리의 수소탄은 … 전략적 목적에 따라 고공에서 폭발시켜 광대한 지역에 대한 초강력 EMP 공격까지 가할 수 있는 다기능화된 열핵 전투부이다."라고 하였다.[322] 김정은은 핵무기 제조에 종사하는 원자력 과학자, 기술자, 군인, 간부들을 '핵전투원'이라 칭하였고, 북한이 수소폭탄과 핵무기 제작에 필요한 모든 구성 요소들과 공정을 100% 국산화함으로써 앞으로 강력한 핵무기들을 대량 생산할 수 있게 되었다고 과시하였다.[323]

북한은 김정은이 핵무기 연구소를 시찰한 그다음 날인 2017년 9월 3일 수소폭탄 실험으로 추정되는 제6차 핵실험을 하였다.[324] 북한은 이 핵실험이 노동당의 '전략적 핵 무력 건설 구상'에 따른 것이고 ICBM 탑재용 수소폭탄 실험이라면서 '국가 핵 무력 완성'의 마지막 단계 목표를 달성하는 데에 있어서 큰 의미를 지닌다고 하였다.[325] 북한의 제6차 핵실험이 리히터 규모 5.7의 진도임에 비추어 약 50킬로톤의 폭발력을 지닌 수소폭탄급에 해당하는 것으로 전문가들은 보고 있다.

두 번째 과제인 미국 본토까지 도달할 수 있는 장거리 미사일 능력 시현과 관련하여 김정은은 2017년 11월 29일 신형 대륙간탄도미사일

321 앞의 글.
322 앞의 글.
323 앞의 글.
324 "조선민주주의인민공화국 핵무기연구소 성명",《조선중앙통신》, 2017년 9월 3일.
325 앞의 글.

'화성-15형' 시험 발사 성공을 자축하면서 이로써 북한의 국가 핵 무력이 완성되었고 미사일 강국도 실현되었으며 북한의 전략적 지위가 격상되었다고 하였다.[326] 북한은 이를 '11월 대사변'이라고 불렀다. 노동신문은 화성-15호가 설계된 모든 기술적 제원들을 만족시켰다고 하면서 이제 북한은 "미국 본토 전역을 타격할 수 있는 초대형 중량급 핵탄두 장착이 가능한 또 하나의 신형 대륙간탄도로케트 무기체계를 보유하게 되었다."고 하였다.[327] 김정은은 발사에 사용된 9축 미사일발사 차량(TEL: Transporter Erector Launcher)을 100% 국산 기술로 만들었고 앞으로 원하는 대로 생산할 수 있다고 하였다.[328]

국가 핵무력의 완성을 선언하면서 김정은 위원장은 어떤 생각을 하였을까? 아버지 김정일이 2012년을 '강성대국'의 원년이 되게 하겠다고 야심차게 선언하였지만 그 꿈을 이루지 못하였는데, 자신은 아버지의 뜻을 받드는 데 그치지 않고 그보다 더 위대하고 진일보한 역사적 대업인 '주체의 핵강국'을 성취해 낸 천출명장의 지도자라는 것을 인민들의 마음에 각인시키고자 한 것일까?

김정은의 국가 핵 무력 완성 업적 찬양[329]을 위해 북한 사회과학원

326 "국가핵무력완성의 력사적대업 실현 새형의 대륙간탄도로케트시험발사 대성공 경애하는 김정은 최고령도자 김정은 동지께서 대륙간탄도로케트《화성-15》형 시험발사를 지도하시었다",《노동신문》, 2017년 11월 29일.

327 앞의 글.

328 앞의 글.

329 2023년 11월 쿠바에서 한국으로 망명한 북한 외교관 A씨는 처음 한동안은 북한이 핵미사일 관련 실험에 성공하였을 때 긍지를 느꼈지만 핵 개발에 막대한 자금이 소진됨에 따라 북한 주민들의 삶이 피폐해진다는 것을 깨닫고 나서부터는 거부감이 생겼

의 최철수 연구사는 3회에 걸친 연재물을 통해 김정은이 북한을 주체의 핵강국, 세계적인 로케트 강국으로 만들었고 이는 반만년 민족사에 길이 빛날 최대 사건이라고 하였다.[330] 김정은은 2017년 11월 국가핵무력 완성을 선언한 이후 상당한 자신감을 갖고 2018년부터 2019년까지 한국과 미국을 상대로 비핵화 협상에 나선다. 그렇지만 김정은은 협상에서 원하는 결과를 얻지 못하였다. 이에 따라 2020년부터는 다시 기존의 핵미사일 개발 노선을 더욱 강화해 나간다. 비핵화 협상 관련 사항은 다음 두 개 장에서 상술한다.

김정은은 2021년 1월 개최된 제8차 노동당대회에서 핵무장과 관련하여 자신이 그동안 달성한 치적을 상세하게 과시하였다. 그는 핵무기를 소형화, 경량화, 규격화, 전술 무기화하였고 초대형 수소탄 개발을 완성하였으며 화성-15 대륙간탄도미사일 발사 시험 성공으로 국가핵무력이 완성되고 로케트 강국의 위업이 실현되었다고 하였다.[331] 특히 그는 자신이 2013년 경제건설과 핵무력 건설의 병진노선을 제시한 지 불과 4년 만에 국가 핵 무력을 완결하였고 이는 북한의 '가장 의의 있는 민족사적 공적'이라고 하였다.[332] 아울러 김정은은 초대형 방사

다고 하였다. 다음을 보라. 〔단독〕 김여정 2인자 아니다 … 북한에는 최고존엄과 2500만명의 노예뿐", 《조선일보》, 2024년 7월 17일.

330 "국가 핵무력 완성의 력사적 대업을 실현하신 경애하는 최고령도자 김정은 동지의 불멸의 업적 (1)(2)(3)", 《조선의 오늘》, 2017년 12월 9일, 2017년 12월 10일, 2017년 12월 11일.

331 "우리식 사회주의 건설을 새 승리에로 인도하는 위대한 투쟁 강령 조선로동당 제8차대회에서 하신 경애하는 김정은 동지의 보고에 대하여", 《노동신문》, 2021년 1월 9일.

332 앞의 글.

포, 첨단 핵 전술 무기, 대함미사일 등 새로운 무기 체계 개발에 있어서도 성과가 있었고, 다탄두 개별 유도 기술, 극초음속 활공 탄두, 핵 잠수함 설계 연구, 무인 공격 장비, 군사정찰위성 등 첨단 무기 체계 개발이 진행 중이라고 밝혔다.[333]

이와 같이 김정은은 기존 성과를 평가한 후에 핵 무력 강화를 위한 향후 발전 방향과 전략적 지침을 제시하였다. '핵전쟁 억제력 강화 노선'으로 알려진 동 지침은 '국방과학 발전 및 무기체계 개발 5개년 계획(줄여서 국방력 발전 5개년 계회)' 중 전략 무기 부분에 해당한다. 그 골자는 첫째, 핵무기의 소량화·경량화·전술 무기화의 심화, 둘째, 다양한 군사 목적과 타격 대상에 적용할 수 있는 전술 핵무기의 개발, 셋째, 초대형 핵탄두의 계속적인 생산, 넷째, 핵 선제 타격과 보복 타격 능력의 고도화, 다섯째, 극초음속 활강 탄두의 개발과 도입, 여섯째, 고체 연료를 사용하는 수중 및 지상 대륙간탄도미사일(ICBM) 개발, 일곱째, 핵 잠수함과 수중발사 핵 전략무기 개발 추진이다.[334][335] 북한 체제의 특성상 지도자가 제시한 과제, 이번의 경우는 핵전쟁 억지력 강화 5개년 과제는 반드시 이행되어야 하고 그 이행 상황이 매년

333 앞의 글.

334 앞의 글.

335 《자주시보》의 한호석 정세연구소 소장은 김정은이 제8차 당대회에서 제시한 전략부문 최우선 5대 과업이 (1) 각종 전술핵탄두 및 초강력 열핵탄두 증산, (2) 다탄두 개별 유도기술 완성, (3) 극초음속 활공비행 전투부 개발, (4) 고체연료를 사용하는 지상 배치 대륙간 탄도미사일 개발, (5) 신형 핵잠수함 건조 및 잠수함 발사 장거리 탄도미사일 개발이라고 소개하였다. 다음을 보라. "[개벽예감 592] 바다로 내리친 붉은 번개 세 줄기", 《자주시보》, 2024년 7월 1일.

평가되기 때문에 국제 사회는 2021년부터 향후 5년간, 즉 2026년까지 북한의 핵무장력 강화 조치를 계속 보게 될 가능성이 높다.

4. 태세 전환: 그러나 어디까지나 핵보유국 전제

2017년 국가 핵무력 완성을 선언한 김정은 위원장에게 2018년과 2019년은 어떤 의미였을까? 김정은 위원장은 봉준호 감독의 영화 〈기생충〉에 나오는 유명한 대사처럼 '계획(plan)'이 있었다. 2013년 3월 김 위원장은 1962년 할아버지 김일성이 제시한 국방-경제 병진 노선에 착안하여 핵무력-경제건설 병진 노선을 자신의 통치하에서 북한 체제가 나아가야 할 최고 중요한 국가 노선으로 내세웠고 병진 노선의 한 축인 '핵무력' 분야에서 가시적인 업적을 달성하기 위해 4년 반 동안 불철주야 매진하였다. 2017년 6차 핵실험과 화성-15 대륙간탄도미사일 발사를 마치자 그는 마침내 핵무기 무장화와 그 운반수단의 개발이 다 완결되었고 그렇기 때문에 이제부터는 더 이상 핵실험과 중장거리 미사일과 대륙간탄도미사일의 시험 발사가 필요 없다고 선언하였다.

기술적으로 북한의 핵무장력이 진정으로 완성되었을까? 김 위원장에게 중요한 것은 사실의 확증보다는 사실에 대한 의미 부여와 정치적 프레임이다. 김 위원장의 '계획'이란 2017년 11월 말이라는 시점을 택하여 병진 노선의 성공을 대내외에 선언하고 이를 통해 지도자로서의 자신의 위대성을 과시하는 정치 행위였다. 그리고, 핵무장이 가져다줄 새로운 기회의 창을 이용하여 병진 노선의 다른 한 축인 '경제건설'에 관한 투쟁 노선을 천명하는 것이었다.

김정은의 핵무장 건설 우선 전략에서 경제건설 집중 전략으로의 전환을 두고 국제 사회가 비핵화에 관한 북한의 진전된 입장을 기대하는 것은 당연했고 실제로 북한은 비핵화와 관련된 다수의 조치들을 내놓았다. 2018년 4월 당 중앙위원회 전원회의에서 핵실험과 대륙간

탄도미사일 시험 발사를 2018년 4월 21일부로 중지하고, 풍계리 핵실험장을 폐쇄하겠다는 약속과 아울러, 핵 선제 불사용 및 핵무기와 핵기술의 확산 자제 공약도 발표하였다.[336] 2019년 1월 1일 김정은 신년사에서는 4가지 No를 발표하였는데 더 이상 핵무기를 만들지 않고, 실험하지 않고, 사용하지 않고, 이전하지 않을 것이라고 하였다.[337]

그러나 북한의 해당 공약들은 핵무기 포기 약속과는 근본적으로 다른 것이다. 어디까지나 핵무장력은 보존하겠다는 것이고, 자신들은 이제 핵비보유국이 아닌 핵보유국이 되었기 때문에 NPT의 비핵화 의무에는 구속되지 않고 미국 등 다른 핵보유국들처럼 핵군축 노력만 보여 주겠다는 것이다. 북한의 4가지 No 공약은 국제 사회로 하여금 북한의 핵보유국 지위를 인정하고 앞으로 핵무장한 북한의 현실을 받아들인 채 살아갈 것을 요구하는 선언과도 같기 때문에 북한의 핵 포기를 실현시켜야 하는 국제 사회 입장에서는 무척 고약한 것이다. 물론 북한의 그러한 공약이 완전한 핵 폐기로 나아가는 중간 단계의 신뢰 구축 조치로 활용되지 말라는 법은 없다. 다만 짚고 넘어가야 할 것은 언제나 북한의 비핵화 의지이다.

핵무장 완성 선언의 정치적 가치를 활용하여 국제 제재를 완화하고 경제 발전에 우호적인 여건을 만들겠다는 김정은의 계획 추진은 순탄하지 않았다. 제재를 풀지도 못하였고 대규모 원조를 얻어낼 수

336 "김정은 원수님 지도 밑에 조선로동당 중앙위원회 제7기 제3차 전원회의 진행",
《조선신보》, 2018년 4월 2일.
337 "〔전문〕北 김정은 국무위원장 2019년 신년사", 《CBS노컷뉴스》, 2019년 1월 1일.

도 없었다.

비록 완전한 비핵화는 아닌 부분적인 비핵화 조치를 팔아서라도 경제 발전을 할 마음이 있다면 외부세계에 걸어 잠근 빗장을 최소한이라도 풀어야 하는데 북한 정권이 내세우는 길은 자력갱생을 통한 경제의 쇄국화와 자립, 즉 경제에서의 주체사상이다.[338] 외부로부터의 경제 지원과 개혁개방은 현행 수령 유일 체제를 흔들 수 있는 위협 요소가 될 것이기 때문에 비핵화 카드를 과감하게 활용하지 못하는 것이다.

북한 정권에 있어서 체제 보전을 보장하는 보검과 생명선은 두 가지이다. 하나는 핵무기로서 이는 외부 공격을 억지하는 힘이다. 다른 하나는 자력갱생으로서 이는 북한 주민이 외부세계의 편익에 눈을 뜨는 것을 막는 이데올로기이다.

북한 김정은은 2019년 12월 당중앙위원회 전원회의에서 현 시기 북-미 대결이 '자력갱생과 제재와의 대결로 압축'된다면서, 제재 압박을 무력화하기 위해서는 모든 당원들과 인민들이 자력갱생 정신을 뼛속까지 새기고 만리마의 속도로 대진군하는 '정면돌파전'을 펼쳐 나가야 하고 정면돌파전의 기본 전선은 '경제전선'이라고 하였다.[339] 김정은은 외무성에 대해서도 정면돌파전을 지원하기 위해 공세적인 외교 노력을 할 것을 지시하였다.[340]

---

338 "김정은 원수님 지도 밑에 조선로동당 중앙위원회 제7기 제4차 전원회의 진행", 《조선신보》, 2019년 4월 11일.

339 "우리의 전진을 저애하는 모든 난관을 정면돌파전으로 뚫고 나가자/조선로동당 중앙위원회 제7기 제5차 전원회의에 관한 보도", 《조선신보》, 2020년 1월 1일.

340 앞의 글.

5. 비핵화에 관한 동상이몽

2018년을 기점으로 미국, 한국, 북한 간에 본격적인 비핵화 줄다리기가 진행되었다. 2012년 집권한 이후 6년간 핵미사일 무장에 주력하였던 김정은은 자신의 필요와 시간표에 따라 매력 공세(charm offensive)와 평화 공세(peace offensive)에 나서기 시작하였다. 2008년 12월 6자 회담이 좌초된 후 거의 10년 만에 재개된 비핵화 협상에 대해 국제 사회의 기대는 그 어느 때보다 높았다. 그러나 3국이 생각하는 비핵화의 개념은 너무나 달랐다. 한마디로 동상이몽(同床異夢), 아니 조금 과장하자면 이상이몽(異床異夢)이었다.

이 시기 북한이 비핵화에 관해 어떤 생각을 하고 있었는지 가늠해 볼 수 있는 좋은 공개정보 출처 4개가 있다. 문재인 전 대통령의 외교안보편 회고록, 폼페이오 당시 미 국무장관의 회고록[341], 존 볼튼 당시 미 국가안보보좌관의 회고록, 그리고 밥 우드워드 워싱턴포스트지 기자가 쓴 책[342]이다. 특히 이들 기록들은 북한의 최고 존엄, 절대 지존인 김정은에게 직접, 혹은 간접적으로 들은 내용을 전하고 있기 때문에 탐구해 볼 가치가 있다.

김정은은 2018년 4월 방북한 폼페이오 미 중앙정보국(CIA) 국장과 앤드류 김 CIA 코리아임무센터(Korean Mission Center) 센터장에게 마치 자신이 평화주의자인 양 다분히 감성적인 어법을 동원하여 비핵화에 관한 자신의 생각을 밝힌 것으로 전해졌다. 김정은은 자신도 아

---

341 Mike Pompeo, 『Never Give an Inch: Fighting for the America I love』(New York: HarperCollins Publisher Inc).

342 Bob Woodward, 『Rage』(New York: Simon&Schuster, 2020).

내를 둔 남편이자 자녀를 둔 아버지인데 본인의 후손들이 '핵무기라는 무거운 짐을 짊어지고 사는 것을 원하겠느냐.'고 했다는 것이다.[343][344] 이 말에 수긍하지 않을 사람이 있겠는가? 폼페이오에 따르면 김정은은 핵무기가 북한에게 엄청난 경제적 부담이고 북한을 국제 사회로부터 왕따가 되게 한다고 말하면서 핵무기의 완전한 제거를 약속했고, 핵과 미사일 개발프로그램의 중단(모라토리움)도 공약했다고 했다.[345]

과거 북한은 비핵화에 관한 입장을 요구받으면 '비핵화는 김일성 수령의 유훈'이라는 화법을 사용하고는 했다. 그러나 구체성이 결여된 김정은의 비핵화 언명에 대해 미국이 만족했을 리는 만무하다. 폼페이오는 미국은 북한과의 비핵화 협상을 준비하면서 군축 합의의 최대 함정인 '의무 준수 추정의 원칙'에 빠지지 않겠다고 다짐했다고 한다.[346] 다시 말해 트럼프 행정부는 미국과 북한 간 어떠한 합의가 이루어지든 북한으로부터 엄격하고 즉각적인 검증 수용 약속을 받아내겠다는 것이었다. 사실 국제 관계에서 국가 간에 특정한 합의를 하면 상대방이 그 합의를 준수할 것이라고 추정하는 것은 기본이다. 그럼에

---

343   Mike Pompeo, 『Never Give an Inch: Fighting for the America I love』(New York: HarperCollins Publisher Inc., 2022).

344   문재인 대통령은 2018년 4월 27일 김정은 국무위원장이 판문점 도보다리에서 자신과의 대화에서 "나도 딸이 있는데 딸 세대한테까지 핵을 머리에 이고 살게 할 수는 없는 거 아니냐."라고 하였다고 소개하였다. 다음을 보라. 문재인, 『변방에서 중심으로: 문재인 회고록 외교안보 편』(김영사, 2024), p. 117.

345   Mike Pompeo, 『Never Give an Inch: Fighting for the America I love』(New York: HarperCollins Publisher Inc).

346   앞의 글.

도 미국이 그러한 입장을 취한 것은 그만큼 미국과 북한 간에는 핵 협상에 있어서 상호 불신의 벽이 높다는 의미일 것이다.

비핵화에 관한 미국과 북한의 생각과 접근이 크게 다르다는 것이 확인되는 데에는 그렇게 오래 걸리지 않았다. 폼페이오 국무장관은 2018년 5월 두 번째 방북에서 김정은에게 미국이 생각하는 비핵화 개념을 전달했다고 했는데, 북한 핵프로그램의 모든 측면, 즉 핵무기, 농축, 재처리프로그램을 포괄하고, 이를 영구적이고 검증 가능하게 제거하며, 핵프로그램 관련 물질을 국외로 반출하는 내용이 골자였던 것으로 전해진다.[347] 밥 우드워드 기자에 따르면 폼페이오 장관이 방북 당시 북한 측에 핵무기를 개발하고 시험하는 시설 명단을 요구하기도 했다고 하였다.[348][349] 김정은이 동의할 리가 없었다. 김정은은 그 같은 미국의 비핵화 개념 및 정의가 불쾌하고 지나친 요구라면서 (비핵화에 관한) 자신의 입장을 즉각 후퇴시켰다고 폼페이오는 전했다.[350] 북한 입장에서 미국이 요구한 비핵화 개념은 '최대치의 요구(maximalist)'이자 생각하기에 따라서는 자신들이 단어조차 듣기 싫어하는 '리비아 비핵화 모델'로 받아들여졌을지 모른다.

반면, 북한이 비핵화에 관하여 모호한 태도로 일관한 것이 아니라

347 앞의 글.

348 Bob Woodward, 『Rage』(New York: Simon&Schuster, 2020).

349 관련 사항에 대해 문재인 대통령은 자신의 회고록에서 폼페이오가 종전선언의 대가로 핵 신고 리스트를 요구했다고 밝혔다. 다음을 보라. 문재인, 『변방에서 중심으로: 문재인 회고록 외교안보 편』(김영사, 2024), p. 282.

350 Mike Pompeo, 『Never Give an Inch: Fighting for the America I love』(New York: HarperCollins Publisher Inc., 2022).

는 정황도 다수 존재한다. 문재인 전 대통령은 김정은 국무위원장과의 만남을 회고하면서 김정은이 비핵화 의지를 분명하게 밝혔다고 하였다. 문 대통령에 따르면, 김정은은 체제 안전만 보장되면 북한은 언제든 핵무기를 내려놓을 수 있다는 의사를 표명하였다고 한다.[351]

존 볼튼 전 미국 국가안보보좌관은 미-북 간 싱가포르와 하노이 정상회담 관련 사항을 설명하면서 문재인 대통령이 김정은 북한 위원장에게 1년 내 비핵화를 요청하였고 김 위원장이 이에 동의하였다는 일화를 소개하였다.[352] 볼튼에 따르면, 김정은이 싱가포르 정상회담에서 한반도 비핵화에 대한 본인의 의지를 강하게 피력하였다고 하였다.[353] 밥 우드워드 기자는 김정은이 2018년 9월 6일 트럼프 대통령에게 보낸 서한에서 북한이 핵무기 연구소, 위성발사장, 핵물질 생산시설의 폐쇄 등의 조치를 단계적, 점진적으로 취할 의향을 밝혔다고 소개하였다.[354]

2018년 6월 12일 싱가포르에서 개최된 미-북 정상회담을 향한 전 세계의 이목은 과연 북한이, 특히 북한의 모든 것을 결정하는 유일한 사람인 김정은이 비핵화에 관해 어떠한 수준의 약속을 할지에 집중되었다. 다행히 싱가포르 정상회담 공동성명에 북한의 비핵화 공약은 명시되었다. 위대한 지도자, 절대 존엄 김정은의 약속이었다. 그렇지

351 문재인, 『변방에서 중심으로: 문재인 회고록 외교안보 편』(김영사, 2024), p. 117.

352 John Bolton, 『The Room Where It Happened: A White House Memoir』(New York: Simon & Schuster, 2020).

353 앞의 글.

354 Bob Woodward, 『Rage』(New York: Simon & Schuster, 2020).

만 그 문구는 매우 약했다. "북한은 한반도의 완전한 비핵화를 향하여 노력할 것을 공약한다."[355]는 것이었다. 2005년 6자 회담 9. 19 공동성명상의 "북한은 모든 핵무기와 현존하는 핵계획을 포기할 것을 공약하였다."는 문구와 비교하였을 때 누가 보더라도 약속의 내용 면에서나 구체성 측면에서 한반도 비핵화를 바라는 국제 사회의 기대에 훨씬 못 미친 수준이었다.[356] 아울러 싱가포르 공동성명 전체 합의 사항의 순서에서도 비핵화가 1번은 아니었다. 북미 관계 수립, 한반도의 평화체제 수립이 먼저 나오고 그다음에 비핵화 공약이 배치되었다.[357]

폼페이오는 2018년 7월 세 번째로 방북하였는데 북한은 미국이 비핵화에 관한 확고한 입장을 누그러뜨릴 기색이 없자 김정은이 아예 폼페이오와의 만남조차 갖지 않았다고 하였다. 폼페이오는 제2차 미북 정상회담 준비를 위해 2018년 10월 4번째 방북을 하였는데 북한 측은 상당한 또는 중요한 핵 시설을 폐기할 수 있다는 의사를 암시하

---

355 "김정은 조선민주주의인민공화국 국무위원회 위원장과 도날드 제이. 트럼프 미합중국 대통령 사이의 싱가포르 수뇌회담 공동성명", 《노동신문》, 2018년 6월 13일.
356 폼페이오는 싱가포르 협상 과정을 설명하면서 흥미로운 일화 하나를 소개하였다. 북한 대표단의 김영철이 정상회담 공동성명 초안에 대해 김정은 위원장뿐만 아니라 중국의 검토를 받았다는 것이다. 이것에 대해 폼페이오는 북한 문제는 중국 공산당과의 대리전이고(proxy battle)이고 중국 공산당은 김정은 위원장에게 비핵화 합의에 관한 재량을 거의 주고 있지 않다는 느낌을 받았다고 자신의 소회를 밝혔다. 이것에 대해서는 다음을 보라. Mike Pompeo, 『Never Give an Inch: Fighting for the America I love』(New York: HarperCollins Publisher Inc., 2022).
357 "김정은 조선민주주의인민공화국 국무위원회 위원장과 도날드 제이. 트럼프 미합중국 대통령 사이의 싱가포르 수뇌회담 공동성명", 《노동신문》, 2018년 6월 13일.

였다고 하였다.[358] 미국이 수용할 만한 수준의 상당한 시설인지 여부는 2019년 2월 베트남 하노이에서 개최된 제2차 미-북 정상회담이 되어서야 확인되었다.

드디어 제2차 미-북 정상회담이 개최되었다. 김정은은 자신이 원하는 합의를 이룰 수 있을 것이라는 부푼 꿈을 안고 평양에서 하노이까지 머나먼 여정의 전용 열차에 몸을 실었는지 모른다. 그러나 비핵화의 목표, 개념, 범주에 관한 미국과 북한 입장의 간극은 생각보다 컸던 것으로 보인다.

관건적인 문제는 북한이 폐기하겠다고 하는 영변 핵 단지가 전체 북한 핵무기프로그램에서 차지하는 비중을 어느 정도로 볼 것이냐 하는 것이었다. 당연히 북한은 영변 핵 단지의 가치를 실제보다 부풀려 미국에게 팔려 했을 것이다. 반면 미국 입장에서는 영변 핵 단지의 가치가 1994년 미-북 제네바 합의 및 2005년 6자 회담 9.19 합의 당시에는 비교적 높았겠지만, 상당한 시간이 흘러 북한의 핵무기프로그램이 대폭 확대되고 영변 이외 제3의 장소에 다른 농축 시설 등 비밀 핵 시설들의 존재 가능성이 농후한 2019년 시점에서는 영변 핵 단지에 대해 북한이 원하는 값을 쳐 줄 수가 없었을 것이다. 영변만으로는 부족하고 '더하기 알파(+α)'가 있어야 했다. 폼페이오에 따르면, 미 대표단은 북한으로부터 영변 핵시설의 완전하고 검증 가능한 폐기뿐만 아니라 농축 능력에 대한 대폭적인 감축과 관련 검증에 대한 약속을 기대

---

358   Mike Pompeo, 『Never Give an Inch: Fighting for the America I love』(New York: HarperCollins Publisher Inc., 2022).

하였다고 했다.[359]

그러나 그것은 미국의 오판이었다. 북한은 거기까지 갈 준비가 되어 있지 않았다. 김정은이 미국에 요구한 것은 영변 핵 단지를 미국의 검증하에 해체할 테니 그 대가로 북한에 대한 제재를 완전히 해제해 달라는 것이었다.[360] 트럼프 미 대통령은 북한의 이 제안을 수용할 수가 없었고 협상은 그것으로 끝이었다. 한마디로 미국과 북한은 같은 침상에서-어쩌면 아예 다른 침상에서- 다른 꿈을 꾸고 있었다.

다만, 트럼프 행정부 입장에서 그나마 한 가지 위안거리는 있었다. 그것은 김정은이 협상이 진행되는 만큼은 자신들이 약속한 핵실험과 장거리미사일 발사 시험은 하지 않겠다고 확인해 준 것이었다. 김정은의 그 약속은 트럼프 대통령의 임기가 끝날 때까지 지켜졌는데 그것은 트럼프와 김정은 두 사람 사이의 긴밀한 관계 덕분이었다고 폼페이오는 소회했다.[361] 싱가포르와 하노이에서 개최된 비핵화 협상은 그렇게 허무하게 막을 내렸다.

미-북 정상회담이 재개될 수 있을지, 재개된다면 언제 개최될지는

---

359 앞의 글.

360   John Bolton, 『The Room Where It Happened: A White House Memoir』(New York: Simon&Schuster, 2020).

361   Mike Pompeo, 『Never Give an Inch: Fighting for the America I love』(New York: HarperCollins Publisher Inc., 2022). 폼페이오 전 국무장관은 2024년 7월 18일 트럼프 전 대통령의 대선 후보 지명을 위한 공화당 전당대회에서의 찬조 연설을 통해 트럼프 집권 기간 동안 3번의 미-북 정상회담을 개최되었고 북한이 조용하였다고 하였다. 다음을 보라. "폼페이오, 트럼프 행정부 외교 성과 강조하며 "북한 조용했다"", 《세계일보》, 2024년 7월 19일.

알 수 없다. 트럼프 전 대통령은 2024년 7월 18일 공화당 전당대회 대선 후보직 수락연설에서 '자신은 김정은과 잘 지내고 많은 핵무기를 가진 누군가와 잘 지내는 것은 좋은 일'이라면서, 자신이 재집권하면 다시 김정은과 잘 지낼 것이고 김정은도 자신(트럼프)의 복귀를 기다릴 것이라고 하였다.[362]

하노이에서의 쓰라린 경험은 북한 김정은으로 하여금 협상 노선으로부터 태세를 전환하여 핵 무력을 더욱 강화하는 소위 '정면돌파전', '강대강, 선대선 원칙', '핵에는 핵으로'의 길로 나아가게 만든다.

---

362 "[美 공화전대] 트럼프, 작심하고 김정은에 '러브콜' … 한반도 정세 영향은", 《연합뉴스》, 2024년 7월 19일.

6. 핵무기 임무를 억지에서 선제공격으로까지 확장

김정은은 2022년 4월 25일 열병식 기념연설에서 북한 핵무기의 임무가 전쟁 억지와 보복 타격에 한정되지 않고 핵 선제공격으로 확대될 수 있다고 천명하였다. 핵무기 이론에서 '선제공격 능력(First-Strike Capability)'[363]은 적의 핵 자산에 대한 강력한 공격을 통해 적의 보복 능력을 제거할 수 있는 능력을 가리키는데, 북한이 이 같은 의미의 능력을 상정하고 있는 지에 대해서는 앞으로 확인되어야 할 사항이다. 왜냐하면 핵 선제공격 교리를 채택하였다는 것과 그 능력이 실제 있는지 여부는 별개의 문제이기 때문이다.

김정은은 "우리 핵 무력의 기본사명은 전쟁을 억제함에 있지만 이 땅에서 우리가 결코 바라지 않는 상황이 조성되는 경우에까지 우리의 핵이 전쟁 방지라는 하나의 사명에만 속박되어 있을 수는 없다."면서 "어떤 세력이든 우리 국가의 근본리익을 침탈하려든다면 우리 핵무력은 의외의 자기의 둘째가는 사명을 결단코 결행하지 않을 수 없을 것이다."라고 밝혔다.[364] 김정은은 또한 2022년 12월 26일부터 31일까지 진행된 노동당 중앙위원회 제8기 제6차 전원회의의 앞 보고에서도 "우리의 핵무력은 전쟁 억제와 평화안정 수호를 제1 임무로 간주하지만, 억제 실패 시 제2의 사명도 결행하게 될 것이고 제2 사명은 분명

363　다음을 보라. Steve Tulliu and Thomas Schmalberger, 『Coming to Terms with Security: A Lexocon for Arms Control, Disarmament and Confidence-Building』 (UNIDIR, 2003), P. 114. 참고로 이 책은 당시 주제네바 한국 대표부에서 근무하던 이충면 서기관에 의해 『군비통제, 군축 및 신뢰구축 편람』 제목으로 번역되었다.

364　"조선인민혁명군창건 90돐 경축 열병식에서 하신 경애하는 김정은 동지의 연설", 《조선의 오늘》, 2022년 4월 26일.

방어가 아닌 다른 것이다."라고 하였다.[365]

　김정은의 말들을 종합해 볼 때 북한은 핵 교리의 변화를 꾀하기 시작한 것으로 보인다. 2013년 자위적 핵보유국 법령에서는 북한 핵무기의 임무가 북한에 대한 침략과 공격을 억제하고, 다른 핵보유국이 북한을 침략하거나 공격하는 경우 이를 격퇴하고 보복 공격하기 위한 것이라고 하였다.[366] 즉 핵무기 선제공격에 대한 언급은 없었다. 북한은 이러한 핵 교리 변화가 2022년 3월에 발표된 미 바이든 행정부의 핵태세검토보고서(NPR: nuclear posture review)가 북한에 대한 핵 선제타격을 더욱더 노골화하고 있기 때문에 이에 대응하기 위한 것이라고 하였다.[367] 북한이 밝힌 핵 선제공격의 실행 조건은 북한의 근본 이익에 대한 침탈 시도가 있는 경우이고, 핵 선제공격의 대상은 적대적인 핵보유국뿐만 아니라 북한의 근본이익을 침탈하려는 모든 세력이라고 규정하였다.[368] 북한의 이러한 핵 교리 변화는 2022년 9월에 제정된 핵 무력 정책 법령에서 공식화되었다.

---

365 "위대한 우리 국가의 부강발전과 우리 인민의 복리를 위하여 더욱 힘차게 싸워나가자", 《노동신문》, 2023년 1월 1일.
366 "핵무력 강화의 배경과 목적 ② 국가 이익 침탈 기도에는 《둘째가는 사명》 결행", 《조선신보》, 2022년 6월 1일.
367 앞의 글.
368 앞의 글.

7. 핵 사용 문턱을 대폭 낮춘 핵 교리 법령 제정

북한 최고인민회의는 김정은 위원장의 지시에 따라 2022년 9월 8일 핵무기 사용 문턱을 대폭 낮추고 핵무기 선제공격 가능성을 명시한 매우 공세적인 핵 교리를 담은 핵 무력 정책 법령을 채택하였다. 김정은은 핵 무력 정책 법령이 미국의 오랜 압살 정책을 이겨 내고 이룩한 역사적 대업이라고 강조하고, 북한은 미국의 설득, 제재 압박, 군사적 위협에 못 이겨 어리석게도 잘못된 선택을 하여 비참한 말로를 맞은 다른 나라의 전철을 밟지 않을 것이며, 절대로 핵을 포기하지 않을 것이라고 하였다.[369]

김정은은 핵 무력 정책이 법제화됨으로써 북한의 핵보유국 지위가 불가역적으로 되었기 때문에 국제 사회가 더 이상 북한의 비핵화를 요구할 수 없다고 경고하였다.[370] 김정은은 "절대로 먼저 핵 포기란, 비핵화란 없으며, 그를 위한 그 어떤 협상도, 그 공정에서 서로 맞바꿀 흥정물도 없다."고 밝혔다.[371] 그는 전 세계가 비핵화되고 미국 및 그 동조 세력의 대북한 적대시 정책이 종식되기 전에는 북한의 핵 무력 강화 여정은 계속될 것이라고 하였다.[372]

북한의 핵 무력 정책 법령 내용을 보면 미국, 러시아 등 현행 핵보유국들의 핵 교리를 매우 면밀히 연구하였고 북한에게 유리하고 필요한 요소들로 구성하였다는 인상이 강하게 든다. 2022년 9월 8일 제정

---

369 "조선민주주의인민공화국 최고인민회의 제14기 제7차 회의에서 하신 경애하는 김정은 동지의 연설",《노동신문》, 2022년 9월 9일.

370 앞의 글.

371 앞의 글.

372 앞의 글.

된 북한 핵 무력 정책 법령의 주요 내용은 다음과 같다.[373]

1. (핵 무력 기본 임무) 적대 세력에 대한 전쟁 억제가 기본 임무이고, 전쟁 억제 실패 시 적대 세력의 침략과 공격을 격퇴하고 전쟁의 결정적 승리를 위한 임무 수행.

2. (핵 무력 구성) 핵탄두, 지휘 및 통제 체제, 지휘 통제 체제의 운용을 위한 모든 인원, 장비, 시설.

3. (핵 무력 지휘통제) 국무위원장(김정은)이 유일하고 전적인 결정권을 보유.

4. (핵무기 사용 원칙) 외부 침략과 공격에 대한 최후 수단으로 사용하고, 비핵무기 국가에 대해서는 소극적 안전보장(NSA: negative security assurances) 적용.

5. (핵무기 사용 조건) ▲ 북한에 대한 핵무기 또는 여타 대량살상무기(WMD) 공격 또는 공격 임박, ▲ (참수 작전과 같은) 국가지도부 및 핵 지휘부에 대한 핵 및 비핵 공격 또는 공격 임박, ▲ 국가 중요 전략자산에 대한 치명적 군사 공격 또는 공격 임박, ▲ 전쟁의 확대와 장기화 방지 및 전쟁 주도권 장악을 위한 작전상 필요 제기 시, ▲ 기타 국가 존립과 인민 생명 안전에 대한 파국적 위기 사태 발생 시.

6. (핵무기 안전 및 핵안보 체계 수립) 핵무기 보관, 수명 관리, 성능 평가, 갱신 및 폐기를 위한 안전 체계 수립. 핵무기와 관련 기술, 설비, 핵물질의 유출 방지를 위한 핵안보 체계 수립.

---

373 "조선민주주의인민공화국 최고인민회의 법령 조선민주주의인민공화국 핵무력 정책에 대하여", 《노동신문》, 2022년 9월 9일.

7. (핵무력의 질량적 강화와 갱신) 외부 핵위협과 국제 핵무력 상황 변화에

상응한 핵무력의 질량적 갱신, 강화 및 핵무기 사용 전략의 정기적 갱신.

8. (이전 방지) 핵무기의 타국 영토에의 배치 및 공유, 핵무기와 관련 기술,

설비, 무기급 핵물질의 이전 금지.

8. 북한 핵무기는 한국을 겨냥할 수 있다는 점 노골화

한국 사회 일각에서는 북한의 핵무기는 미국에 대항하기 위한 것이고, 동족인 대한민국에게는 사용하지 않을 것이며, 통일이 되면 북한 핵무기는 통일 한국의 소유가 될 것이기 때문에 북한의 비핵화가 절대적 당위는 아닐 수 있다는 견해가 존재한다. 북한의 핵무기가 대한민국에게는 무해할 수 있다는 주장이다. 이러한 견해가 형성된 중요한 배경에는 북한의 주장이 자리 잡고 있다. 북한 정권은 늘 자신의 핵무장과 그 유지가 미국 때문이라고 주장해 왔다. 그러나, 북한의 이러한 상투적인 수사와는 달리 북한의 핵무기 체계와 핵 교리가 점점 대한민국을 향하고 있는 것이 엄연한 현실이다. 북한이 전방 부대에 전술핵을 운용하는 부대를 창설하고 관련 군사편제와 작전계획을 수립하였는지는 여부와 어떠한 조건 하에서 전술 핵공격을 동원하겠다는 것인지는 앞으로 확인되어야 할 사항이지만 북한이 전술핵 능력 확보를 위해 노력하고 있는 것만은 부인할 수 없는 현실이다.

김정은은 2022년 12월 26일부터 31일까지 진행된 노동당 중앙위원회 제8기 제6차 전원회의 앞 보고를 통해 "…남조선 괴뢰들이 의심할 바 없는 우리의 명백한 적으로 다가선 현 상황은 전술핵무기 다량 생산의 중요성과 필요성을 부각시켜 주고, 나라의 핵탄 보유량을 기하급수적으로 늘일 것을 요구하고 있다."고 하였다.[374] 다시 말해 전술핵무기 대량 생산이 필요하고 그것이 필요한 중요한 이유가 대한민국 때문이라는 것이다.

374 "위대한 우리 국가의 부강발전과 우리 인민의 복리를 위하여 더욱 힘차게 싸워나가자",《노동신문》, 2023년 1월 1일.

김정은은 2022년 9월 25일부터 10월 9일까지 전술핵 운용부대의 군사훈련을 지도하였는데, 훈련의 주된 내용이 대한민국 작전지대 내 비행장, 주요 항구, 주요 군사시설을 겨냥하여 모의 전술핵무기를 탑재한 전술 탄도미사일과 초대형 방사포로 공격하는 연습이었다.[375] 김정은은 해당 훈련을 평가하면서 전술핵무기 운용부대들에게도 '전쟁 억제와 전쟁 주도권 쟁취' 임무를 맡길 수 있게 되었다고 하였다.[376]

김정은은 2023년 3월 18일과 19일 양일간 전술핵무기 공격 모의 훈련을 지도하였다.[377] 북한은 동 훈련에서 전술핵무기 지휘통제 체제, 여러 가상적인 긴급 상황에서의 핵공격 명령 하달과 접수, 핵무기 취급 절차, 전투기법 등을 점검하고, 모의 핵탄두를 탑재한 전술 탄도미사일 발사 훈련을 진행하였다.[378] 북한은 모의 핵탄두를 장착한 전술 탄도미사일이 목표 상공 800미터에서 공중 폭발하여 핵탄두 내 핵폭발 조정장치와 기폭장치들이 제대로 작동하였다고 밝혔다.[379] 김정은은 북한의 핵전력이 전쟁 억제뿐만 아니라 전쟁 주도권 확보 임무를 수행할 준비가 되었다고 평가하고, 핵보유 사실만으로는 전쟁을 실제적으로 억제할 수 없기 때문에 적에게 실제 공격을 가할 수 있는 핵공격 태세를 갖추어야 한다면서 그와 같은 실전 가상훈련을 계속하겠다

---

375 "경애하는 김정은 동지께서 조선인민군 전술핵운용부대들의 군사훈련을 지도하시었다", 《노동신문》, 2022년 10월 10일.

376 앞의 글.

377 "핵반격가상종합전술훈련 진행", 《노동신문》, 2023년 3월 20일.

378 앞의 글.

379 앞의 글.

는 뜻을 밝혔다.[380]

북한이 대한민국을 핵공격 대상으로 삼고 있다는 사실은 김정은이 2023년 3월 27일 핵무기연구소를 시찰하였을 때 또 한 번 노골적으로 드러났다. 북한 관영매체는 김정은이 전시된 약 10개의 전술핵탄두('화산-31'로 명명)를 점검하는 장면, 벽면에 8종류의 투발수단[381]이 화산-31 핵탄두를 탑재하고 있는 그림, 그리고 김정은이 대한민국 지도에서 수도권 일대를 손가락으로 가리키는 장면 등을 방영하였다.[382]

공개한 전술핵탄두 화산-31이 실험을 통해 실증된 무기인지, 화산-31 탄두가 북한의 각기 다른 미사일과 방사포에 탑재될 정도로 경량화와 규격화되었는지, 그리고 화성-31을 탑재할 무기 체계가 실제 작동하는지 여부는 앞으로 확인되어야 한다. 그렇지만 북한이 한반도를 전장으로 전술 핵무기를 실제 사용하는 것을 상정한 핵개발 능력의 강화와 관련 계획을 지속 준비해 나가는 것만큼은 분명해 보인다.[383]

북한은 2023년 8월 30일 미국과 한국이 을지프리덤쉴드 훈련을 통해 북한에 대한 핵 선제 타격 의도를 명백히 드러내고 있다고 비난하

---

380 앞의 글.

381 8종류의 투발수단은 (1) KN-23(북한판 이스칸데르), (2) KN-24(북한판 애이태큼스), (3) KN-25 600밀리미터 초대형방사포, (4) 근거리탄도미사일(CRBM), (5)/(6) 장거리순항미사일 '화살-1'형, '화살-2'형, (7) 핵무인잠수정 '해일', (8) 잠수함발사탄도미사일(SLBM)인 것으로 추정된다.

382 "혁명활동소식 경애하는 김정은 동지께서 핵무기 병기화 사업을 지도하시었다",《조선의 오늘》, 2023년 3월 28일.

383 "총알 갈아끼우듯 '핵탄두' 탑재 … 이런 방식, 북한이 유일", [북핵 어디까지 왔나],《중앙일보》, 2023년 4월 7일.

면서, 북한군 서부지구 전술핵 운용 부대가 대한민국의 "중요 지휘 거점과 작전 비행장들을 초토화해 버리는 것을 가상한 전술핵 타격 훈련을 실시하였다."고 발표하였다.[384] 북한군 총참모부는 이 훈련에서 발사한 전술 탄도미사일 2발이 표적물 상공 400미터에서 폭발하도록 설정하였다고 밝혔다.[385] 김정은 정권은 2023년 9월 2일 미국과 한국에게 실질적인 핵 위기를 경고하기 위해 전술핵 공격 가상훈련 목적으로 장거리 전략 순항미사일 2발을 발사하여 목표물 상공 150미터에서 정확히 폭발토록 하였다고 발표하였다.[386] 북한은 동 훈련 주체가 인민군 서부지구 전략 순항미사일 운용 부대라고 밝혔다.[387]

2023년 말 북한 김정은은 남북 관계가 기존의 동족 관계에서 적대적 두 국가 및 전쟁 중인 두 교전국가로 전환된다고 선언하였다. 이것은 이제부터 대한민국은 북한의 적대적 교전국이 되었으므로 재래식 공격뿐만 아니라 핵공격의 대상이 되지 않을 하등의 이유가 없다는 점을 암시한 것으로도 볼 수 있다. 김정은은 2023년 12월 26일부터 30일까지 개최된 노동당 중앙위 제8기 제9차 전원회의 발언을 통해 북한군은 핵 위기 사태 및 유사시 "핵 무력을 포함한 모든 물리적 수단과 역량을 동원하여 남조선 전 영토를 평정하기 위한 대사변 준비에 계속 박차를 가해 나가야 한다."라고 하였다.[388]

---

384 "조선인민군 총참모부 보도", 《노동신문》, 2023년 8월 31일.

385 앞의 글.

386 "중요목적의 대응훈련 진행", 《노동신문》, 2023년 9월 3일.

387 앞의 글.

388 "조선노동당 중앙위원회 제8기 제9차 전원회의 확대회의에 관한 보도", 《노동신

또한 김정은은 미국과 한국이 북한과의 군사적 대결을 시도하면 북한의 "핵전쟁 억제력은 주저 없이 중대한 행동으로 넘어갈 것."이라고 선언하였다.[389] 김정은은 이러한 방침을 2024년 1월 15일 최고인민회의 제14기 제10차 회의에서 행한 시정연설에서 재확인하였다.[390] 그는 한반도에서 전쟁이 일어나는 경우 대한민국을 완전히 점령, 평정, 수복하고 북한 영토에 편입하는 것을 검토하겠다고 하였으며, 북한의 핵 무력은 전쟁 억지가 제1 임무이지만 유사시 제2 임무에 나설 것이고, 전쟁이 날 경우 "대한민국이라는 실체를 끔찍하게 괴멸시키고 끝나게 만들 것."이라고 하였다.[391]

문》, 2023년 12월 31일.

389 앞의 글.

390 "북 김정은 "80년 북남관계사 종지부" 시정연설〔전문〕", 《세계일보》, 2024년 1월 16일.

391 앞의 글.

9. 우주 개발 명분을 내세운 핵 무장력 강화

북한은 유엔 안보리 결의에 따라 탄도기술을 이용한 어떠한 발사도 하지 못하도록 금지되어 있다. 따라서 설령 우주 이용을 위한 위성 발사가 그 목적이라 하더라도 북한이 탄도 기술을 이용하는 우주발사체를 발사하는 것은 안보리 결의 위반이 된다. 우주의 평화적 개발과 이용은 모든 국가들에게 인정된 권리임에도 불구하고 북한은 안보리에 의해 특별 제한을 받고 있는 것이다. 북한은 이 같은 법적 구속력을 갖는 안보리 결의에도 아랑곳하지 않고 우주의 평화적 이용 권리를 내세우면서 탄도 기술을 이용한 위성 발사를 지속하고 있다.

앞서 제3부에서 기술한 것처럼 북한은 2014년 우주개발법을 제정하고 국가 우주개발을 총괄할 국가우주개발국을 창설하였다. 2016년 2월 북한 우주개발국은 지구관측위성 '광명성-4호'를 성공적으로 발사하였다고 발표하였다. 2016년 발사 이후 2020년까지 한동안 북한의 위성 발사 관련 활동은 외부에 크게 공개되지 않았다. 그러다가 2021년 1월 개최된 제8차 노동당 대회에서 국방력 발전 5대 중점 목표에 우주 정찰 능력의 확보가 포함되면서 다시 부각되기 시작하였다.

김정은은 2023년 4월 18일 국가우주개발국을 방문하여 다양한 위성 개발, 운반 로케트의 신뢰성 제고, 위성발사장 건설을 독려하였다.[392] 특히 김정은은 미국과 한국이 확장 억제력을 강화하는 우려스러운 안보 상황에서 북한이 군사정찰위성을 확보하는 것은 전쟁 억제 수단들의 군사적 효용성과 실용성 제고를 위해 매우 중요한 과제라고

---

392 "경애하는 김정은 동지께서 국가우주개발국을 현지 지도하시었다", 《노동신문》, 2023년 4월 19일.

강조하고 제작 완료되어 있는 군사정찰위성 1호기의 발사를 준비하라고 하였다.[393] 또한 그는 앞으로 계속해서 '수개의 정찰위성을 다각 배치하여 위성에 의한 정찰정보 수집 능력을 튼튼히 구축'할 것을 지시하였다.[394] 김정은의 지시에 따라 북한은 2023년 5월 31일 군사정찰위성 '만리경-1호'를 탑재한 신형 위성운반로켓 '천리마-1형'을 발사하였으나 2단계 엔진 고장으로 추락하였다. 북한은 결함을 빠른 시간 내에 보완하여 추가 발사를 하겠다고 하였다.

결국 북한은 2023년 11월 21일 첫 정찰위성 발사에 성공하였다고 발표하였다. 북한 국가항공우주기술총국은 "신형 위성 운반 로케트 천리마-1형은 예정된 비행궤도를 따라 정상비행하여 … 정찰위성 만리경-1호를 궤도에 정확히 진입시켰다."고 하였다.[395] 김정은은 정찰위성 발사 다음날 국가항공우주기술총국 평양종합관제소를 방문하여 북한이 자체적인 기술력으로 항공우주 정찰 능력을 보유한 것은 북한 군사력 발전에 있어서 획기적 사건이라고 규정하고 "공화국 무력이 이제는 만 리를 굽어보는 눈과 만 리를 때리는 주먹을 다 함께 수중에 틀어줘었다."면서 대한민국 및 태평양 주변 지역에 대한 정찰 능력 확보를 위해 2024년에 더 많은 정찰위성을 발사할 것이라고 하였다.[396]

---

393 앞의 글.

394 앞의 글.

395 "조선민주주의인민공화국 국가항공우주기술총국 보도 - 정찰위성 성공적으로 발사", 《노동신문》, 2023년 11월 22일.

396 "경애하는 김정은 동지께서 국가항공우주기술총국 평양종합관제소를 방문하시었다", 《노동신문》, 2023년 11월 23일.

북한의 발표를 보면 기존의 국가우주개발국 명칭이 국가항공우주기술총국으로 변경되었다는 것과 국가항공기우주기술총국의 총국장이 류상훈이라는 것을 확인할 수 있다. 북한 국가항공우주기술총국은 2024년 4월 27일 미국이 한국, 일본과 함께 한반도와 그 주변 지역에 핵 선제공격을 종국적인 목표로 하는 우주의 군사화를 추진하고 있다고 비판하고, 이에 대응하기 위해 "우주 정찰 기반 능력을 제고하기 위한 중대한 임무를 계획대로 드팀없이 결행해 나갈 것."이라고 하였다.[397] 북한은 2024년 5월 27일 또 한 번의 군사정찰 위성 '만리경 1-1호'를 발사하였지만 운반 로케트가 공중 폭발하여 실패하였다.[398]

북한의 핵, 미사일 개발 담론을 따라가다 보면 법칙 아닌 법칙 같은 것을 발견하게 된다. 이를 쉽게 이야기해 보면 다음과 같다. '핵, 미사일 관련 새로운 기술의 개발은 김정은으로 대표되는 당의 결정이고 당이 부여한 과업이다. 이 과업은 천리 혜안의 예지, 강철의 신념, 탁월한 사상, 비범 특출한 리더십을 가진, 무오류의 지도자가 내린 것이므로 목숨 건 투쟁을 통해 무조건 쟁취해야 한다.'는 것이다.

이 담론을 정찰위성 개발에 적용해 보면, 김정은이 "우주과학 전사들아 당, 곧 나 김정은이 제시한 항공우주 정찰 능력의 현재 목표와 향후 목표의 달성을 위해 쉬지 말고 총매진하라."고 하면, 국가항공우주기술총국의 모든 종사자인인 과학자, 기술자, 당 근로자들은 "김정은

397 "우주를 군사화, 전장화하려는 미국의 기도는 국제 평화, 안전에 대한 위협/국가항공우주기술총국", 《조선신보》, 2024년 11월 27일.
398 "정찰위성 발사 시 사고 발생 - 조선중앙통신사 보도", 《조선신보》, 2024년 5월 29일.

당신은 틀리지 않으니 당신의 말을 받들어 새로운 성과들을 계속 만들어 내겠습니다."라고 맹세하는 것이다. 그리고 설령 일시적으로 실험에 실패하더라도 북한 정권은 '실패는 성공의 어머니'라는 철칙하에 성공할 때까지 독려하고 또 독려한다. 김정은은 2024년 5월 27일 군사 정찰 위성 발사 실패에 대해 "실패는 어디까지나 성공의 전제이지 결코 좌절과 포기의 동기로는 될 수 없다."면서 우주 정찰 능력 확보는 반드시 점령해야 할 투쟁이라고 하였다.[399] 그 같은 담론 체계는 여전히 살아 숨 쉬고 있고, 앞으로 김정은 정권이 추구할 모든 종류의 새로운 무기와 군사기술 개발 과정에 관통하게 될 것이며, 실제로 이 담론에 힘입어 북한의 핵, 미사일 능력은 지금까지 계속 고도화되어 왔다.

---

399 "[전문] 김정은 위원장, 국방과학원 방문해",《자주시보》, 2024년 5월 29일.

10. 북한의 핵무기 정책:
핵 무력 근육 키우기와 핵무기의 공세적 운용

전 세계에 핵무기를 보유한 나라가 핵비확산조약(NPT)에서 공인된 5개 핵보유국(미국, 러시아, 영국, 프랑스, 중국)과 NPT 밖의 사실상의(de facto) 3개 핵무장국(이스라엘, 인도, 파키스탄), 그리고 NPT 등 국제법을 명백히 위반하여 불법적으로 핵무기를 개발한 북한이 있는데, 노골적이고 공격적으로 자신의 핵무기 정책을 드러내고 핵무기 사용 위협까지 서슴지 않는 국가는 북한이 유일하다고 할 수 있다. 국가가 핵무기를 보유한 이후에 해당 국가의 군사 정책이나 대외 정책 속성이 어떻게 변화하는지는 학문적, 정책적 연구의 대상[400]이기는 하나 북한이 보여 주는 행태는 기존의 관행과는 상당한 거리가 있는 것만은 분명하다.

북한 김정은은 2023년 4월 10일 당 중앙군사위원회 제8기 제6차 확대회의를 주재하면서 미국과 한국의 침략전쟁 위협이 더욱 엄중해지고 있기 때문에 북한의 전쟁 억제력을 "더욱 실용적으로, 공세적으로 확대하고 효과적으로 운용해야 한다."[401]고 강조하였는데 이것은 핵무기의 실제적 사용과 공격적 운용을 시사한 것으로 보인다. 김정은은 핵 무력이 국력의 상징이자 군사력의 기본이라고 하면서 질적, 양적으로 핵 무력을 고도화하고, 각각의 전쟁 상황과 작전의 목적에 맞는 핵 전투 수단을 발전시켜 최대한 급속도로 핵 무력을 증강시켜야 한

400   김태형·박민형·설인효·이근욱·이장욱·정성철·최아진·황지환·황태희, 『북한이 핵보유국이 된다면 어떻게 달라지는가』(사회평론아카데미, 2020).
401   "조선로동당 중앙군사위원회 제8기 제6차 확대회의 진행", 《노동신문》, 2023년 4월 11일.

다고 지시하였다.[402 403]

　김정은이 지시한 핵 무력 근육 키우기 계획을 정리해 보면 다음과 같다.[404] (1) 언제, 어디서든 핵무기를 사용할 수 있는 준비태세를 갖춘다. (2) 다양한 작전 공간에서 다양한 수단으로 핵무기를 통합 운용하는 체제를 구축한다. (3) 핵 반격 작전계획을 수립하여 모의 훈련을 실시한다. (4) 핵 실전에서 운용할 국가 핵무기 종합관리체계인 '핵방아쇠'를 구축한다. (5) 핵무기 보유량을 기하급수적으로 늘리기 위해 무기급 핵물질 생산을 확대한다. (6) 위력적인 핵탄두를 계속 만들어 낸다. (7) 신속한 핵 반격 능력을 기본 임무로 하는 대륙간탄도미사일(ICBM) 능력을 지속 발전시킨다. (8) 다탄두 ICBM 능력을 개발한다. (9) 최단기간 내에 여러 개의 군사 정찰위성을 쏘아 올린다. (10) 다양한 전술핵무기를 개발하고 대량 생산한다.[405]

　이러한 북한의 핵무력 증강 움직임은 유엔 안전보장이사회 대북제

402　"조선인민혁명군창건 90돐 경축 열병식에서 하신 경애하는 김정은 동지의 연설",
《조선의 오늘》, 2022년 4월 26일.
403　"경애하는 김정은 동지께서 핵무기 병기화 사업을 지도하시었다", 《노동신문》,
2023년 3월 28일.
404　한호석 《자주시보》 정세연구소 소장은 김정은이 2021년 1월 노동당 제8차 대회
에서 제시한 국방 부문 중점 목표가 다음 아홉 가지라고 하였다. (1) 대륙간탄도미사일
(ICBM)용 다탄두 개별 유도기술 완성, (2) 신형 탄도미사일용 극초음속 활공 비행 탄
두 완성, (3) 각종 전투 임무를 가진 탄두 개발, (4) 중형 잠수함의 현대적 개조, (5) 핵
추진 잠수함 건조, (6) 각종 전자무기 완성, (7) 각종 무인 타격 장비 완성, (8) 각종 정
찰 탐지 수단 완성, (9) 군사정찰위성 개발. 다음을 보라. "[개벽예감] 급진적으로 변하
는 무한대한 핵무장 능력", 《자주시보》, 2024년 5월 27일.
405　앞의 글.

재위원회 산하 전문가 패널도 확인하고 있다. 동 전문가 패널의 2023
년 4월 5일 보고서는 북한이 핵무기용 핵물질의 비축량을 계속 늘리
고, 풍계리 핵실험장을 재개하며, 새로운 핵독트린을 채택하고, 전술
핵무기 사용을 포함한 핵전쟁 임무에 필요한 미사일 발사 훈련을 다
수 실시하는 등 핵무기프로그램을 현저히 가속화하고 있다고 평가하
였다.[406]

김정은은 2023년을 결산하고 2024년 투쟁 계획을 밝히면서 핵무
기 분야에서는 핵무기 생산을 지속 확대하는 토대를 구축하고, 우주
개발 분야에서는 2023년 11월 첫 군사 정찰위성 발사 성공을 토대로
2024년에 추가로 3개의 정찰위성을 발사하며, 해군의 수중 및 수상
전력을 강화하고, 각종 공격용 무인기와 전자전 수단들을 개발할 것
을 지시하였다.[407]

북한은 2021년 1월 제8차 노동당 대회 결정에 따라 전략무기 부문
최우선 과제 중 하나인 극초음속미사일[408]의 시험 발사를 2021년 9월

406 Security Council Committee established pursuant to resolution 1718(2006), "Final
report of the Panel of Experts submitted pursuant to resolution 2627(2022)", 7 March
2023, S/2023/171.

407 "조선노동당 중앙위원회 제8기 제9차 전원회의 확대회의에 관한 보도", 《노동신
문》, 2023년 12월 31일.

408 극초음속(hypersonic) 미사일은 마하 5(음속의 5배) 이상 속도, 회피 기동, 저고
도 비행 특성을 갖고 있기 때문에 탐지와 요격이 쉽지 않은 무기로 평가되며, 미국, 러
시아, 중국, 인도, 호주, 프랑스, 독일, 일본 등이 이 무기 체계를 개발하였거나 개발 중
인 대표적인 국가이다. 동력의 원천을 기준으로 극초음속활공체(HGV: hypersonic
glide vehicle)와 극초음속순항미사일(HCM: hypersonic cruise missile)로 구분된다.
극초음속활공체(HGV)는 처음에는 로켓에 실려 대기권 밖으로 발사되었다가 대기권

28일, 2022년 1월 5일과 1월 11일 실시하였다고 밝혔다.[409] [410] 북한이 2021년과 2022년에 시험 발사한 '화성-8형'으로 명명된 극초음속미사일은 액체 연료 기반 1단 추진체인 것으로 전해진다. 늘 그러했듯 김정은은 극초음속 미사일 분야에서도 추가 과업을 주고 그것을 실현하도록 미사일 기술자들을 다그쳤다. 북한 정권은 2024년 1월 14일과 4월 2일 고체연료를 사용하는 2단 추진체 신형 극초음속 미사일 '화성-16나형'을 성공적으로 개발하였다고 선전하였다. 북한은 전 세계 극초음속 미사일을 보유한 나라는 북한, 중국, 러시아밖에 없는데 그중에서도 북한의 기술력이 가장 뛰어나다고 자랑하였다.[411]

북한 김정은 정권은 2022년부터 전술 핵무기의 실제 사용을 상정한 군사 훈련을 계속하고 있다. 북한의 이러한 움직임은 자신들이 천명한 핵 교리와 맥을 같이한다. 김정은은 이미 2022년 4월에 북한은 핵무기를 억지 목적뿐만 아니라 선제공격 목적으로도 사용할 수 있다고 천명하였다. 이에 따라 김정은은 2022년 9월, 2023년 3월, 2024년

재진입 시 발생하는 충격파에 올라타서는 자체 양력으로 극초음속으로 비행하는 무기 체계를 말한다. 극초음속순항미사일(HCM)은 공기 압축력에 의해 연료가 연소되는 스크램제트(scramjet) 엔진을 이용하여 목표물을 향하여 저고도에서 극초음속으로 순항 비행하는 무기 체계이다.

409 "국방과학원 새로 개발한 극초음속미싸일《화성-8》형 시험발사 진행", 《노동신문》, 2021년 9월 29일.

410 "주체적 국방공업 령도사에 아로새긴 조선로동당의 빛나는 공적 또다시 만천하에 과시 극초음속미싸일 시험발사에서 련속 성공", 《노동신문》, 2022년 1월 12일.

411 극초음속 미사일 관련 북한 정권의 과장된 주장은 한호석 자주시보 정세연구소 소장의 다음 글을 보면 잘 나와 있다. 「〔개벽예감 580〕 동해 상공에 나타난 경이로운 플라즈마 현상」, 《자주시보》, 2024년 4월 8일.

4월에 각각 전술핵 부대[412] 운용을 위한 군사 훈련을 지도하였다.

2024년 4월 22일 실시한 훈련에 대해 북한은 유사시 전술핵무기를 사용함에 있어서 경보 발령, 지휘 체계 가동, 임무부대 핵 발사 조치 등을 연습하였고, 투발 수단은 핵무기 탑재가 가능한 600밀리미터 초대형 방사포라고 하였다.[413] 이 훈련에 대해 김정은은 북한의 핵무력이 전쟁 억지뿐만 아니라 '전쟁 주도권 쟁취의 중대한 사명'까지 수행할 수 있도록 준비되어야 하고 관련된 '전법과 작전을 계속 완성해 나가야' 한다고 강조하였다.[414] 김정은은 2024년 5월 30일 총 18발의 초대형 방사포 사격 훈련을 현장 지도하였는데 북한은 동 훈련에서 국가 핵무기 종합 관리체계의 구성 계통인 통합 화력 지휘체계를 가동하였다고 밝혔다.[415]

김정은은 2022년 10월 12일 장거리 전략 순항미사일 시험 발사를 참관하면서, 전쟁을 억제하고 전쟁 주도권을 확보할 수 있는 핵 전략 무력 운용 공간을 계속 확대하고, 국가 핵전투 무력의 강화 발전에 총

412 북한의 전술핵무기 운용 임무를 맡은 부대의 진위 여부와 그 실체와 편제 등 관련 사항이 상세히 밝혀진 바는 아직 없다. 한호석 자주시보 정세연구소 소장은 최전방에 배치된 북한군 4개 군단에 전술핵 습격 연합부대가 있는데 이 부대가 전술핵탄두가 장착된 화성-11가형, 화성-11나형, 4연장 600mm 조종 방사포 등 각종 미사일을 운용한다고 소개하였다. 다음을 보라. "[개벽예감] 급진적으로 변하는 무한대한 핵무장 능력", 《자주시보》, 2024년 5월 27일.

413 "600mm 초대형방사포병 구분대들이 첫 핵반격 가상 종합전술훈련에 참가한데 대한 보도", 《조선신보》, 2024년 4월 23일.

414 앞의 글.

415 "북, '남 겨냥' 방사포 시위 사격 … 김정은 "핵무력 더 철저히 준비"(종합)", 《연합뉴스》, 2024년 5월 31일.

력을 기울여야 한다고 하였다.[416] 북한은 신형 대륙간탄도미사일 '화성-17'을 2022년 11월 18일과 2023년 3월 16일 시험 발사하였다.[417][418] 북한은 2022년 11월 18일 화성-17 시험 발사 성공을 기념하기 위한 취지라면서 2023년 11월 5일 개최된 최고인민회의 상임위원회에서 11월 18일을 '미사일 공업절'로 제정하였다.[419]

김정은은 미국과 한국이 핵전력을 한반도에 수시로 전개하는 등 계속 위협을 하는 경우 북한은 단호히 "핵에는 핵으로, 정면 대결에는 정면 대결로 대답할 것."[420]이라고 천명하면서, 대륙간탄도미사일 부대, 전술핵 운용 부대 등 북한의 핵전력이 고도의 신속 대응 태세를 유지하고 있어야 한다고 강조하였다.

재래식 무기 분야에서의 한미연합군에 대한 열세를 만회하기 위한 북한의 비대칭 군사 전략은 수중 분야에서도 다양하게 전개되고 있다. 북한 정권은 미국, 러시아 등 핵보유국이 보유한 수중 핵전력을 자신들도 일부는 확보했고 또 머지않은 시기에 대부분 확보할 수 있

---

416 "경애하는 김정은 동지께서 장거리 전략 순항미싸일 시험 발사를 현지에서 지도하시었다", 《노동신문》, 2022년 10월 12일.

417 "핵에는 핵으로, 정면대결에는 정면대결로 조선로동당의 절대 불변의 대적 의지 엄숙히 선언 경애하는 김정은 동지께서 조선민주주의인민공화국 전략무력의 신형 대륙간탄도미싸일 시험 발사를 현지에서 지도하시었다", 《노동신문》, 2022년 11월 19일.

418 "조선민주주의인민공화국 전략무력의 초강력 대응태세에 대한 시위 대륙간탄도미싸일 《화성포-17》형 발사", 《노동신문》, 2023년 3월 17일.

419 "북한, '미사일공업절'제정 … 이달 중 정찰위성 3차 발사 전망", 《연합뉴스TV》, 2023년 12월 5일.

420 참고로 이 구호는 이후 핵 관련 북한의 성명이나 발표문에 계속 등장하는 단골 메뉴가 된다.

다고 공언한다. 북한은 자신들의 그러한 주장을 한국, 미국, 일본 등 국제 사회가 믿으면 최상이고 설령 믿지 않고 평가절하해도 상관없고 자신들의 주장이 굳이 증명될 필요도 없다고 생각한다. 북한으로서는 한미일로 하여금 북한의 잠수함 및 수중 핵전력에 대해 궁금해하고 조바심을 갖도록 하는 것만으로도 레버리지가 된다고 생각한다.

북한의 수중 무기 체계에 대해서는 앞으로 그 실체와 기술 수준이 확인되어야 한다. 다만, 한 가지 분명한 것은 북한 정권은 그 진위야 어떻게 판정되든 기존 핵보유국들의 전유물로 간주되어 온 핵무기와 관련된 기술과 무기체계를 자신들도 개발하고 보유하고 있다는 점을 자신들이 최선이라고 생각하는 시점을 골라 대외에 공개하여 과시한다는 것이다.

북한은 김정은 참관 하에 2023년 3월 21일부터 23일까지 2개의 새로운 무기 체계의 시험 훈련을 하였다. 하나는 '해일'로 명명된 무인 수중 핵공격정이고, 다른 하나는 '화살-1형'과 '화살-2형'으로 명명된 전략 순항미사일이다.[421] 북한의 설명에 따르면, '해일' 수중 핵전략 무기의 임무는 '은밀하게 작전수역에로 잠항하여 수중폭발로 초강력적인 방사능 해일을 일으켜 적의 함선 집단들과 주요 작전항을 파괴 소멸하는 것'이다.[422] 북한 관영 매체는 수중 폭발 장면을 공개하면서 그것이 '해일'의 모의 탄두가 수중 폭발하는 모습이라고 하였다. 전략 순항미사일 '화살-1형'과 '화살-2형'의 시험 발사와 관련하여 북한은 600

---

421 "중요무기 시험과 전략적 목적의 발사 훈련 진행", 《노동신문》, 2023년 3월 24일.
422 앞의 글.

미터 공중 폭발 타격 방식을 적용하였다고 밝혔다.[423]

김정은 정권은 2024년 1월 개발 중에 있는 수중 핵무기 체계인 '해일-5-23형'의 중요시험을 하였다고 발표하였다.[424] 이 발표에서 북한은 국방과학원내에 수중 무기 체계 연구소가 있다고 밝히면서 북한군의 "수중 핵 대응 태세는 보다 완비되고 있다."고 하였다.[425] 또한 김정은 정권은 잠수함발사순항미사일(SLCM)도 보유하고 있다고 주장하였는데 2024년 1월 28일 시험 발사한 '불화살-3-31형'이 SLCM이고 핵탄두 탑재도 가능하다고 시사하였다.[426] 이 발사와 관련하여 김정은은 '해군의 핵무장화는 절박한 시대적 과제이며 국가 핵전략 무력 건설의 중핵적 요구'라면서 핵 억지력 적용 공간을 '다각적으로 확대'하기 위한 과제를 제시하였다고 보도되었다.[427]

북한이 개발한 초기 대륙간탄도미사일(ICBM)은 사거리 측면에서는 미국 본토까지 도달할 수 있게 되었으나 액체 연료에 의존함에 따라 은밀성과 기동성 측면에서는 한계를 지니고 있었다. 김정은 정권은 이러한 한계점을 극복하기 위해 ICBM용 고체 연료 개발에 상당한 공을 들인 것으로 보인다. 2022년 12월 15일 북한 국방과학원은 김정은 참관하에 140톤 추력을 내는 고체 연료 엔진 지상분출 시험을 하

423 앞의 글.

424 "조선민주주의인민공화국 국방성 대변인 담화", 《조선중앙통신》, 2024년 1월 29일.

425 앞의 글.

426 "북, 잠수함 발사 순항미사일과 핵잠수함 건조 공개", 《자주시보》, 2024년 1월 29일.

427 앞의 글.

였다.[428] 김정은은 이 실험이 성공이라고 하고 "최단 기간 내에 또 다른 신형 전략무기의 출현을 기대한다."면서 고체 연료에 기반한 ICBM의 시험 발사를 시사하였다.[429]

북한은 2023년 4월 13일 김정은 참관하에 신형 고체연료 대륙간탄도미사일(ICBM) '화성-18형'을 첫 시험 발사하였다. 북한은 화성-18형 ICBM이 강력한 전략적 핵공격 수단으로서 앞으로 북한 방어와 침략 억제를 위한 핵전력의 핵심이 될 것이라고 하였다.[430] 김정은은 화성-18 개발은 "우리의 전략적 억제력 구성 부분을 크게 재편시킬 것이며 핵 반격 태세의 효용성을 급진전시키고 공세적인 군사전략의 실용성을 변혁시키게 될 것."이라고 의미를 부여하였다.[431] 북한은 3개월 후인 2023년 7월 12일 또 한 번의 고체 연료 ICBM 화성-18을 시험 발사하였는데 비행 제원상으로만 보면 역대 북한의 ICBM 기술력 중 가장 뛰어난 것이었다. 정점고도 6,648.4킬로미터로서 역대 최고였고 비행시간도 74분 51초로서 최장이었다.

북한은 미국이 40년 만에 처음으로 전략 핵무기를 탑재한 핵잠수함을 대한민국에 투입하여 한반도에 핵무기를 재반입하려 하고, 한미가 2023년 4월 설치된 핵협의 그룹을 통해 북한에 대한 핵무기 사

428 "경애하는 김정은 동지의 지도 밑에 국방과학원 전략적 의의를 가지는 중대시험 진행", 《노동신문》, 2022년 12월 16일.

429 앞의 글.

430 "조선민주주의인민공화국 전략 무력의 끊임없는 발전상을 보여주는 위력적 실체 또 다시 출현 경애하는 김정은 동지께서 신형 대륙간탄도미싸일 《화성포-18》형 첫 시험발사를 현지에서 지도하시였다", 《노동신문》, 2013년 4월 14일.

431 앞의 글.

용을 획책한다고 비난하면서, 자신들은 냉전시대를 초월하는 작금의 핵 위기 국면에 대처하기 위해 자위적 핵전쟁 억제력 강화에 박차를 가할 수밖에 없다고 하였다.[432] 북한은 화성-18 ICBM 시험 발사가 국가 핵무력 건설 중장기 계획과 2021년 1월 제8차 당 대회가 제시한 핵전쟁 억제력 강화 노선에 따른 것으로서 전략 핵무력을 더욱 고도화하기 위한 필수적 과정이라고 하였다.[433] 화성-18 ICBM 시험 발사를 참관한 김정은은 이번 발사가 자위적 핵전쟁 억제력과 압도적 공격력을 시현한 것으로서 '공화국 전략무력 발전에서 또 한 번의 중요한 진일보'라고 평가하고, 미국과 한국이 대북 적대시 정책을 단념할 때까지 "보다 강력한 군사적 공세를 연속적으로 취해 나갈 것."이라면서 국방과학자들에게 핵전략무력 강화를 위한 향후 전략적 과제를 제시하였다.[434]

북한은 2023년 12월 18일 세 번째로 화성-18 ICBM을 발사하였는데 훈련의 명칭을 기존의 '시험 발사 훈련'이 아닌 '발사 훈련'이라고 하였다.[435] 북한은 미국과 한국이 2023년 한 해 동안 모든 미국의 핵전략 자산을 한반도로 끌어들이고 2023년 12월 15일 제2차 핵협의 그룹 회의를 통해 북한에 대한 실제적인 핵 타격 기도를 노골화하고 있다

---

432 "조선민주주의인민공화국 전략무력의 강화 발전 행로에 새겨진 또 하나의 의의 깊은 대사변 신형대륙간탄도미싸일 시험발사 단행 경애하는 김정은 동지께서 대륙간탄도미싸일《화성포-18》형 시험발사를 지도하시었다", 《노동신문》, 2023년 7월 13일.

433 앞의 글.

434 앞의 글.

435 "조선민주주의인민공화국 전략무력의 초강경 보복 의지와 절대적 힘의 뚜렷한 과시-대륙간탄도미싸일《화성포-18》형 발사훈련 진행", 《노동신문》, 2023년 12월 19일.

면서 이러한 위협에 대해 부득불 변화된 대응, 즉 더 공세적인 대응 의지를 보여 주기 위해 해당 발사 훈련을 하였다고 밝혔다.[436]

김정은은 발사 훈련에 참가한 미사일 총국 제2 붉은기 중대원들을 격려하는 자리에서 이번 화성-18 ICBM 발사 훈련은 '적이 핵으로 우리를 도발해 올 때에는 주저 없이 핵 공격도 불사할 우리 국가의 공격적인 대응 방식과 우리의 핵전략과 핵 교리의 진화에 대한 명백한 설명'이었다면서 어디에 있는 적이라도 선제적으로 공격할 수 있는 실제적인 능력과 전쟁 준비 태세를 갖출 것을 강조하였다.[437] 늘 그렇듯 김정은은 미사일 총국에게 핵전략 무력 강화를 위한 추가적인 과업을 지시하였는데[438], 그것의 구체적 내용이 무엇인지는 시간이 지나면 드러날 것으로 본다.

북한은 2024년 6월 26일 다탄두 미사일 실험을 성공적으로 실시하였다고 발표하였다. 북한은 동 실험에서 1단 고체 로켓에 3개의 탄두를 탑재하여 발사하였고 3개의 탄두가 성공적으로 분리되어 서로 다르게 설정한 목표에 정확하게 유도되었고, 탄두와 함께 탑재된 기만체의 효과성도 검증하였다면서, 해당 발사가 "미사일 고도화 목표 달성에서 중대한 의미를 가진다."라고 밝혔다.[439] 북한의 해당 실험에 대

436 앞의 글.

437 "경애하는 김정은 동지께서 대륙간 탄도미싸일 발사 훈련에 참가한 미싸일 총국 제2 붉은기 중대 군인들을 당중앙위원회 본부 청사에서 만나시고 축하 격려해 주시었다", 《노동신문》, 2023년 12월 21일.

438 "조선민주주의인민공화국 전략무력의 초강경 보복 의지와 절대적 힘의 뚜렷한 과시 - 대륙간탄도미싸일 《화성포-18》형 발사훈련 진행", 《노동신문》, 2023년 12월 19일.

439 "북, 어제 다탄두미사일 시험 … 개별기동 탄두분리·유도조종 성공", 《연합뉴스》,

해 대한민국 합동참모본부는 감시 자산으로 확보한 영상 자료 등을 토대로 북한의 성공 주장은 기만과 과장이라고 평가하였다.[440]

북한이 주장하는 실험은 일명 '다탄두 독립목표물 재진입체 (MIRVs: Multiple Independently Targetable Re-entry Vehicles)'를 지칭하는 것인데 북한이 언제부터 이 기술의 개발을 시작했고 그 기술 수준이 어느 정도인지는 알 수 없다. 지금까지의 국제 사회의 대체적인 평가는 북한이 아직까지 엄청난 고온과 압력 진동을 견뎌야 하는 탄도미사일 탄두의 대기권 재진입 기술을 완성하지 못했다는 것이기 때문에 재진입 기술보다 훨씬 어려운 MIRV 기술 실험에 성공했다는 북한의 주장은 신빙성이 낮다고 판단된다.

아무튼 북한의 MIRV 관련 언급은 2021년 1월 제8차 노동당 당대회에서 등장하는데, 김정은은 "국방과학 연구 부문에서 다탄두 개별 유도기술을 더욱 완성하기 위한 연구사업을 마감단계에서 진행하고 있다."고 밝혔다.[441] MIRV를 포함하여 미국, 러시아, 중국 등 기존 핵보유국들이 갖고 있는 기술들은 북한도 갖고 있거나 개발할 것이라는 북한의 선전전은 앞으로도 계속될 것이다.

2024년 6월 27일.

440 "北 미사일 구불구불 올라가더니 불붙어 산산조각 … 군, 영상 공개",《연합뉴스》, 2024년 6월 28일.

441 "우리식 사회주의 건설을 새 승리에로 인도하는 위대한 투쟁 강령 조선로동당 제8차대회에서 하신 경애하는 김정은 동지의 보고에 대하여",《노동신문》, 2021년 1월 9일.

11. 핵보유국 지위의 헌법화:
핵무력 강화는 헌법상 의무

북한은 2022년 9월 국가 핵무력 정책을 법령화한 후 1년이 지난 시점에 핵무력 정책을 북한의 최고법인 헌법에 영구화하는 조치를 취하였다. 북한은 2023년 9월 26일과 27일 최고인민회의를 개최하여 북한 사회주의 헌법 제4장 58조에 "핵무기 발전을 고도화하여 나라의 생존권과 발전권을 담보하고 전쟁을 억제하며 지역과 세계의 평화와 안정을 수호한다."는 내용을 추가하였다.[442]

김정은은 핵 무력 정책을 헌법에 불가역적으로 고착화한 의의에 대해 다음과 같이 설명하였다. 북한은 다른 나라의 핵우산에 기대거나 선의, 유혹에 넘어가지 않고 핵보유 노선을 타협 없이 고수하여 핵보유국 지위를 획득하였다. 백두산 민족 정권이 존재하는 한, 그리고 북한을 말살하려는 미 제국주의의 핵이 지구상에 존재하는 한 핵보유국 지위를 포기하지 않을 것을 것이며 핵 무력을 계속 강화해 나갈 것이다.[443] 김정은은 당과 정부가 추진해야 할 중대한 과제는 "핵 무력을 질량적으로 급속히 강화하고", "핵무기 생산을 기하급수적으로 늘리고", "핵 타격수단들의 다종화를 실현하며", "여러 군종에 실전 배치하는" 것이라고 강조하였다.[444]

이후 북한은 자신들의 핵보유국 지위 헌법화 조치가 주권국가의 합법적인 권리 행사이므로 유엔 안전보장이사회 등 국제 사회가 시비를 걸 수 없고 비핵화를 강요해서도 안 된다면서 북한의 최고 이익인

---

442 "경애하는 김정은 동지께서 조선인민민주주의공화국 최고인민회의 제14기 제9차 회의에서 뜻깊은 연설을 하시였다", 《노동신문》, 2023년 9월 28일.

443 앞의 글.

444 앞의 글.

핵보유국 지위를 지켜 나갈 것이라고 하였다.[445] 핵무장이 헌법에 명시된 절대적인 주권적 권리라는 북한의 입장은 2024년 5월 27일 서울에서 개최된 한일중 정상회담 에 대한 반응에서도 또다시 확인되었다. 북한은 동 정상회담 공동선언문에 '한반도 비핵화'가 언급된 것에 대해 외무성 대변인 담화를 발표하여 "조선반도의 '완전한 비핵화'라는 것은 이론적으로나 실천적으로, 물리적으로 이미 사멸되었다."고 주장하였다.[446] 북한 국방성은 핵 무력을 강화하는 것이 이제 '헌법적 의무'라고 하고, 미국과 한국의 점증하는 핵위협에 대해 '핵에는 핵으로 대응'하는 원칙에 따라 '철저한 억제력으로 압도적으로 대응'해 나갈 것이라는 입장을 내놓았다.[447]

북한 원자력공업성은 2023년도 국제원자력기구(IAEA) 총회에서 북한의 핵무기 포기를 촉구하는 결의가 채택되자 핵무력 건설 국가 정책이 헌법에 명기됨으로써 북한의 "핵보유국 지위가 불가역적인 것이 되었다."면서 미국의 핵무기와 제국주의 침략 세력이 존재하는 한 핵보유국 지위는 '절대불변'일 것이라면서, IAEA는 북핵에 대한 사무총장 보고서 발간, 총회 결의 채택, 사찰관 준비와 같은 부질없는 일에 시간과 정력을 낭비하지 말라고 하였다.[448]

---

445 "조선민주주의인민공화국 최선희 외무성 담화",《조선중앙통신》, 2023년 9월 30일.
446 "북, 한일중 공동선언 내 '비핵화' 거론 규탄 … "국제 사회 우롱"",《연합뉴스》, 2024년 5월 27일.
447 "조선민주주의인민공화국 국방성 대변인 담화",《조선중앙통신》, 2023년 10월 4일.
448 "조선민주주의인민공화국 원자력공업성 대변인 담화",《조선중앙통신》, 2023년 10월 2일.

12. 핵무장국 유지 임무에 복무하는 외교

북한의 핵무장 노선에 있어서 북한 외교에 주어진 임무와 역할은 무엇일까? 핵무기 개발로 인하여 심화된 국제적 고립과 제재 강화 국면을 타개하기 위해 북한 정권이 적어도 외교 전선에서만큼은 전술적인 차원에서라도 관계 개선 노력을 할 것이라는 예상도 적지 않았다. 그렇지만 김정은 국무위원장의 생각은 달랐다. 외교도 북한의 핵무장국 이해관계를 옹호하고 대변하는 데 기본적으로 복무해야 한다는 것이 김정은의 뜻이었다. 왜냐하면 김정은은 핵무장력을 강화하는 것이 국제 사회에서 북한 체제가 살아남는 데에 있어서 가장 확실하고 효과적인 수단이라고 여기기 때문이다.

김정은은 2016년 5월 제7차 당대회에서 북한이 앞으로 핵보유국으로 행동할 것이라는 뜻을 분명히 하고 외무성에게 국제 사회에서 북한이 핵보유국 지위를 실현하기 위한 외교 투쟁을 명령하였다.[449] 북한 지도자에게 있어서 외교도 투쟁이며 외교관은 일선에서 싸우는 전투원인 것이다. 태영호 자서전을 보면 7차 당대회 계기에 북한의 모든 재외 공관장들이 평양에 모여서 '인도, 파키스탄 모델을 북한에 창조적으로 적용하여' 북한의 핵보유국 지위를 국제 사회에 용인시키는 방안을 토의하였다고 소개하고 있다.[450] 토의된 방안의 요지는 핵실험을 한 인도와 파키스탄이 결국에는 미국 등 국제 사회로부터 핵 보유를 용인 받은 것처럼 북한도 핵실험 동결을 선언하고 장기적으로 한

---

449 "조선로동당 제7차 대회 결정서 주체 105(2016)년 5월 8일 조선로동당 중앙위원회 사업총화에 대하여",《노동신문》, 2016년 5월 9일.

450 태영호,『3층 서기실의 암호』(기파랑, 2018), p. 402-404.

국과 미국이 북한의 핵에 대해 면역력을 갖도록 하는 것을 목표로 필요한 대외 환경 조성을 해 나가자는 것이었다.[451]

김정은은 2022년 9월 핵무력 정책 법령을 채택한 최고인민회의 앞 시정 연설을 통해 '핵은 우리의 국위이고 국체'라고 하였고, 국제 사회 그 어느 누구도 북한의 핵무기에 대해 시비할 수 없다고 천명하였다.[452] 김정은의 말은 핵무기가 곧 국가 근간이자 위상이라는 의미이다.

북한은 국제 정치를 힘이 없이는 살아남지 못하는 세계로 인식한다. 어떻게 보면 북한은 국제 정치 유력이론인 현실주의(realism)에 가장 원초적이고 극단적인 형태로 충실한 국가라고도 할 수 있다. 북한은 자신이 처한 대외 환경이 너무나 험악하다고 늘 주장한다. 제국주의 미국과 그 추종 국가들이 승냥이처럼 호시탐탐 자신들을 노리고 있고, 특히 미국의 상시적인 핵위협이 존재하고 있기 때문에 극도로 위태한 지정학적 환경에 처해 있다고 말한다. 이 같은 정글의 세계에서 살아남으려면 힘이 있어야 하는데[453] 북한은 그 힘을 절대병기로 일컬어지는 핵무기에서 찾는다. 그리고 핵무기 보유는 체제를 보전해주는 방패막이 되는 동시에 국제 관계에서 차원이 다른 힘을 발휘할

451 앞의 글.

452 "조선민주주의인민공화국 최고인민회의 제14기 제7차 회의에서 하신 경애하는 김정은 동지의 연설",《노동신문》, 2022년 9월 9일.

453 북한은 2023년 10월 발발한 가자(Gaza) 전쟁과 관련하여 이스라엘을 지원하는 미국 및 서방 국가들의 이중 잣대를 강하게 비판하면서, "주먹이 약하면 그 주먹으로 피눈물을 닦아야만 하는 약육강식의 현실" 아래에서 북한 체제가 존립하기 위해서는 자위력을 더욱 확고하게 다져나가야 한다고 하였다. 다음을 보라. "북, 서방의 이스라엘 행위 묵인은 이중 기준 극치, 현대 세계 비극",《자주시보》, 2024년 7월 20일.

것이라고 믿는다.

북한은 2024년 6월 19일 러시아와 포괄적인 전략적 동반자 관계 조약을 체결하였는데, 조약문에서 양국이 패권주의에 대항하고 "전 지구적인 전략적 안정과 공정하고 평등한 새로운 국제질서 수립을 지향한다."고 하였다.[454] 북한 중심적으로 보자면 이제 북한은 러시아와 같은 핵보유국이 되었기 때문에 대등한 지위에서 북한에 필요한 국제질서에 편승해 나가겠다는 의미로도 읽힌다. 북한이 러시아, 중국 등과 함께 미국 중심의 국제 질서를 바꾸려는 공격적인 수정주의 국가가 될지, 아니면 방어적 차원의 수정국가로 행동할지, 아니면 자신의 체제가 보전되는 데 도움이 된다면 어떠한 성격의 국제 질서에도 순응하고 활용하는 모습을 보일지는 지켜보아야 한다.

북한이 그 어떤 대외정책 노선을 지향하든 자신의 핵무장을 유지하면서 그것으로 파생되는 영향력을 행사할 것으로 예상되고 북한의 외교도 그러한 틀 속에서 움직일 가능성이 크다. 북한이 외교 기조에서 강조하는 것이 '자주적대'인데 그 의미는 자주적인 입장을 꿋꿋이 지키고 내세우는 기질과 기풍이다. 외교에 있어서 주체사상이라고 할 수 있다. 2023년 11월 쿠바 주재 북한 대사관에서 근무하다 한국으로 망명한 북한 외교관 A씨는 《KBS》와의 인터뷰에서 북한 외교가 미국과의 협상에서 절대 밀리지 않는다면서 그 이유는 북한 외무성 내에 미국 전문가들이 많고 협상에 종사했던 인력의 유지와 협상 기록의

---

454 "북러 신조약(포괄적 전략동반자 관계 조약) 전문", 《SBS뉴스》, 2024년 6월 20일.

뒷받침 면에서 강점이 있기 때문이라는 취지의 의견을 피력하였다.[455]

자주적대를 구현하는 데 있어서 북한이 가장 중요하게 생각하는 것이 국방력 강화인데 핵무장은 자주적대 외교를 최소한 일정 기간은 더 심화시킬 개연성을 배제할 수 없다. 북한 정권이 핵문제 외교에 있어서도 언제까지 정면돌파전을 이어 갈지 지켜볼 일이다.

---

455 "김정은 대면한 북한 외교관의 증언 … "얼굴 새빨갛고, 숨가빠"② 〔뒷北뉴스〕", 2024년 7월 20일.

제5부:

결론

지금까지 2002년 제2차 북한 핵문제 위기 이후 지난 20년 이상 동안 북한 정권이 내세웠던 핵 문제에 관한 입장과 주장을 차분하게 정리해 보았다. 왠지 긴 여행을 한 느낌이다. 필자는 이 정리 작업의 여정이 필자를 어디로 이끌지에 대해 무척 기대를 하면서도 솔직히 마음 한켠에서는 두려움도 있었다. 왜냐하면 과연 북한의 주장을 편견 없이 제대로 읽어 낼 수 있을까에 대한 고민이 있었기 때문이다. 필자는 최대한 객관적으로 사안을 조망하기 위해 애를 썼다. 그렇지만 작업 과정에서 어떤 모양으로든 필자의 주관이 투영되었을 것이라는 점은 부인할래야 부인할 수가 없다. 그럼에도 불구하고 필자는 이 작업에 보람을 느낀다. 핵무기에 대한 북한 정권의 인식에 좀 더 가까이 다가갈 수 있었고 북한 핵 문제를 바라보는데 있어서 몇 가지 의미 있는 시사점을 발견할 수 있었기 때문이다.

　　북한 정권이 핵무기와 미사일프로그램을 개발하고 발전시켜 나가는 데 있어서 내세우는 담론의 본질은 무엇이었을까? 그 담론은 거대하고 복잡한 것일 수도 있지만 의외로 간명할 수 있다고 생각한다. 70년 이상 3대를 세습해 온 절대 수령 통치 체제의 현 지도자인 김정은 국무위원장이 핵, 미사일 종사자들에게 교시 혹은 강론을 한다고 가상하여 그 담론을 풀어내 보면 다음과 같을 것이다.

　　"핵, 미사일 종사자들은 들으라. 핵, 미사일 개발과 관련된 모든 과업은 나 김정은으로 대표되는 당이 부여한 것이다. 나 김정은은 천리 혜안의 예지와 강철의 신념, 탁월한 사상, 비범 특출한 능력을 가진 불세출의 지도자이다. 무엇보다 나는 오류가 없다. 무오류의 지도자가 내린 과업은 일절 틀린 것이 없으니 의문을 갖지 않아도 된다. 그저 간고분투해서 목숨 걸고 그 과업을 쟁취하면 되는 것이다. 하루에 천 리를 달리는, 아니 만 리를 달리는 지치지 않는 말처럼 불철주야 과업 실현에 매달려야 한다. 하나의 목표를 달성했다고 해서 안주하거나 쉬지 마라. 지도자인 나는 주도면밀하여 당면 과제만 주는 법이 없다. 항상 그 다음 과제도 같이 준다. 그것은 새로운 성과들을 계속 만들어 내야 한다는 뜻이다. 백두민족의 사전에는 실패라는 단어는 없고 실패는 성공의 어머니임을 명심하고 성공할 때까지 포기하지 말고 계속 투쟁해야 한다.

너희들은 김일성-김정일-김정은으로 대변되는 공화국이 주체의 핵로케트 강국, 세계적인 위성우주 강국, 전략국가로 발돋움하는 영광의 역사를 만들어 나가는 핵 전투원이요 로케트 전투원이며 우주과학 전사들이다. 그러니 자랑스러워해라. 나 김정은은 너희들에게 집착과도 같은 사랑을 선사할 것이다. 너희들의 재능을 온통 짜내어서 명실상부한 핵무장국을 완성시킬 수 있다면 너희들을 얼싸안고 우는 극장 연기를 한들 대수이겠느냐? 업어 주는 것이 힘들겠느냐? 평양 궁전에 불러 산해진미를 먹이고 반듯한 아파트 한 채씩 안겨 주는 것이 아깝겠느냐?[456]

너희들은 왜 나의 할아버지, 아버지, 그리고 나에게 이르기까지 3대에 걸쳐 이토록 핵무장에 올인하고 목숨을 거는지 궁금할 것이다. 우리 공화국을 압살하려는 미 제국주의의 적대시 정책 때문이라고? 일면 맞는 말이다. 한국전쟁

---

456 2023년 11월 쿠바에서 한국으로 망명한 북한 외교관 A씨는 언론 인터뷰에서, '평양에 제2 자연과학원 아파트가 있는데 아파트 주민의 80% 이상이 핵 및 미사일 개발 종사자들'이라고 하였다. 다음을 보라. "[단독] 北 대미라인 한성렬 간첩 혐의 총살 … 지켜본 간부들 며칠 밥 못 먹어", 《조선일보》, 2024년 7월 16일.

시기 내 할아버지 김일성은 미국이 북한을 향해 핵무기를 사용할 지도 모른다는 공포를 느꼈고 인민들의 동요도 심했다. 사실 미국은 일본에 대해 핵무기를 사용하여 무조건적인 항복을 끌어내지 않았던가? 할아버지에게 미국의 핵무기는 실존적인 위협이었고 동시에 마음속에 특별한 의미로 자리 잡았다.

그러나 할아버지가 핵무장 노선 선택에 있어서 미국을 끌어들인 보다 근본적인 이유가 있다. 한국 전쟁에서 실패한 내 할아버지는 책임론에서 벗어나야 했고 자신을 향한 비판의 목소리를 잠재우고 권좌를 유지시키는 데 필요한 강력한 명분을 만들어 내야 했다. 미국은 자신의 의지와는 상관없이 공화국의 철천지원수가 되어야만 했고, 이 원수로부터 공화국을 지키려면 너희 인민들이 내 할아버지를 결사 옹위해야 했다. 그리고 너희들의 그 결사 옹위 정신을 발현시키고 북돋우며 지속시키는 데 있어서 핵폭탄 개발 노선만큼 효과적인 수단은 없었다. 정말이지 핵무기야말로 김일성 민족 체제를 보전하고 지속시키는 데 있어서 다른 그 어느 것보다 든든한 보검이자 보험이 되었다.

같은 사회주의 국가인 소련과 중국도 핵무기를 개발하였는데 우리 백두민족이라고 못할 이유가 없다. 또한 소련과 중국이 사회주의 동지국가이기는 하지만 우리 안전을 지켜 준다는 보장은 그 어디에도 없다. 1980년대 말 구소련과 동구 사회주의가 무너져 내릴 때의 냉혹한 국제 정치 현실을 나도 알고 너희도 똑똑히 기억할 것이다. 약육강식의 정글의 세계에서 우리를 돌봐 줄 뒷배는 없는 것이다. 자체 핵무장만이 유일한 길이다. 고맙게도 너희 핵미사일 전투원들은 너무나 잘해 주었다. 이라크, 리비아도 실패한 그 어려운 것을 우리는 일심 단결하여 해내었다. 아직 핵무기 보유 단계에는 이르지 못한 이란의 핵프로그램도 우리와 비견할 바가 아니다. 이제 공화국은 인도, 파키스탄, 이스라엘과도 같은 누구도 시비할 수가 없는, 그리고 시비해서는 안 되는 명실상부한 핵무장국이 되었다. 핵무장 국가가 다른 국가에 침략을 당하여 망하는 일은 없다. 핵무장은 공화국에 대한 외세의 개입을 막아 주는 튼튼한 방파제이다.

국제 사회가 우리더러 비핵화하라고 야단인데 나는 철저하게 백두 민족 왕조 체제를 유지하는 것을 최우선의 가치와 기준으로 삼아 대응할 것이다. 바깥 세상에는 아직까지도 우리에 대해 완전하고 검증 가능하며 불가역적인 핵 폐기, 소위 CVID(complete, verifiable, irreversible dismantlement)를 주장하는 사람들이 있는데 그들은 우리를 몰라도 너무나 모른다. 비핵화 협상에 나설지 말지, 언제 나갈지, 어떻게 나갈지 등 모든 것은 우리 공화국이 결정하는 것이다. 설령 협상에 나설 경우에도 우리의 몸값과 레버리지는 통상의 비핵화 협상 구도로는 감당할 수 없는 수준이 되었는데도 철 지난 CVID에 미련을 두고 있으니 한심할 따름이다.

내가 싱가포르와 하노이 미-북 정상회담에서 실패하였다고? 천만의 말씀이다. 주체의 핵무기가 있기 때문에 나는 세계 최대 핵보유국인 미국 대통령과도 만날 수 있고 또 다른 핵강국인 러시아 대통령과 만나 상호 군사원조 조약도 체결할 수 있었다. 이것이 핵무기가 주는 효용성이다. 나는 우리의 핵무기프로그램을 김일성 백두민족 체제를 영구적으로 유지하는 데에 최대한 활용할 것이고 이 혁명 투쟁에서 최후의 승리자가 되어 공화국의 지위를 전략 강대국으로 일떠세울 것이다. 나의 이 약속은 확실하다. 그리고 시간은 우리 공화국의 편이다. 외교적 고립과 제재는 일시적인 것이고 결코 우리를 무너뜨리지 못한다. 그러니 너희들은 영광의 그날이 실현될 때를 바라보면서 허리띠를 졸라매고 온전히 나를 믿고 따라오기만 하면 된다."

이 내용은 물론 김정은이 직접 한 말은 아니다. 김정은이 강론을 한다면 이 같은 내용으로 할 것이라고 필자가 가상해 본 것이다. 비록 가상이기는 하지만 담겨진 내용은 2002년 하반기에 촉발된 2차 북핵 위기부터 2024년 이 시점까지 20년 이상 동안 핵 문제와 관련하여 북한 정권이 표명한 대내외 메시지, 그리고 관련 다양한 공개정보에 바탕을 두고 있다. 그렇기 때문에 이 가상의 강론은 북한의 핵 개발 세계관과 논리, 국내 동원 체제, 북한 핵무기 노선의 지향점을 상당 부분 설명해 줄 수 있다고 믿는다.

북한 핵 담론을 관통하는 도도한 흐름은 김씨 수령 절대 왕조의 보전 필요성이다. 북한이 처한 지정학적 환경과 그에 따른 국가 안보 필요성은 다른 나라와 마찬가지로 물론 북한에게도 중요한 고려 사항이기는 하지만 어디까지나 체제 보전이라는 절대적 목적에는 앞서지 못한다. 미국 핵무기가 갖는 심리적인 위력을 절감한 김일성 정권은 한국전쟁 실패의 책임론에서 벗어나기 위한 핵심 방편으로 핵무기 개발의 길을 선택하였다. 어느 누가 뭐라고 해도 아랑곳하지 않고 한 우물만 팠고 마침내 수맥을 뚫어내었다. 핵무장 카드는 김일성-김정일-김정은 독재 체제 보전이라는 국내 정치적 목표를 적어도 2024년 현재까지는 100% 이상 충족시켰다.

그렇지만 핵무기가 앞으로도 계속해서 김씨 왕조의 생명줄이 되어줄까? 핵무기는 북한 체제에게 양날의 검일 수가 있다. 북한 정권의 핵무장의 길 선택은 비유하자면 첫 번째 단추를 잘못 끼운 것인데 김씨 정권은 이를 고쳐 매지 않고 계속해서 그 위의 단추들을 채워 나갔다. 옷은 비뚤어졌고 비뚤어진 옷에 몸을 맞추기 시작했다. 잘못 채운 단추들을 모두 풀어 고쳐 매기에는 너무 멀리 와 버렸고 대수선을 하자니 몸이 다칠 것 같다. 많은 선의의 수선공들이 옷을 고쳐 주겠다고 하고, 원하기만 하면 값을 두둑하게 쳐서 현재의 옷을 새 옷으로 교체해 주겠다고 몇 번이고 제안하였다. 그럼에도 북한 정권은 그러한 제안들을 '자신의 소중한 옷을 뺏으려는 음흉한 수작'이라고 간주한다. 자신들의 옷은 특수한 목적으로 특수 제작된 것으로서 전혀 문제가 없으니 상관하지 말라는 것이다. 자신들은 하등 도움을 받을 이유나 필요가 없지만, 손을 내미는 사람들의 정성을 생각해서 옷 유지하는 비용 정도는 받아 주겠다고 한다.

이와 같이 핵무장과 관련한 북한 정권의 정신세계와 철학, 담론, 역사적 경험, 셈법, 협상 전략, 시간을 바라보는 호흡 등 모든 것이 독특하다. 북한이 지난 20년간 발신한 핵무기와 관련된 메시지와 담론을 추적한 결과 북한 정권의 핵 정책과 관련하여 다음 다섯 가지 점을 관찰할 수 있었다.

첫째, 북한 정권은 자신의 핵무기프로그램은 북한식 고유한 길이기 때문에 기존의 비핵화 잣대를 갖고 자신들을 재단하거나 대우하려는 모든 시도를 거부한다. 북한의 핵무기 개발은 대외 안보 환경이 독립변수로서 이를 추동하였다기보다는 자기 강박과도 같은(self-imposed) 어떻게 보면 쇄국주의적 세계관에 입각하여 수령 체제 유지라는 지배적이고 절대적인 필요에 따라 이루어진 것이다. 물론 북한이 국제 정치의 일반적인 작동 원리나 핵 억지 이론의 적용을 전혀 받지 않는 외딴 섬은 아니다. 그렇지만 북한 정권은 지난 80년 동안 외부 세계와 고립된 채 북한만의 고유한 자아를 만들어 왔고 자기만의 길을 가고 있다. 이는 핵 문제에 있어서도 마찬가지이다.

북한 정권은 자신들이 이라크나 리비아가 아니라고 반복해서 강조하는데[457], 특히 리비아 비핵화 모델은 입에 담지도 말라고 하고 하늘이 두 쪽이 나도 받아들이지 않겠다는 입장이다.[458] 말하자면, 북한 정권은 이라크, 리비아, 남아공, 이란 등의 비핵화 및 관련 협상 사례에서 국제사회가 기대하는 것과는 정반대의 교훈을 머릿속에 새기고 있는지 모른다. 즉, '생존하려면 핵무기를 절대 포기하면 안 된다.'는 교훈을.

천영우 전 대통령실 외교안보수석은 2007년 6자회담 비핵화 협상의 막전막후 이야기를 소개하는 유투브 영상에서 북한 수석대표 김계관이 자신과의 면담에서 미국과 인도 간의 원자력협력 사례를 거론하면서 미국이 북한에게도 인도와 같은 대우를 해 줄 수 있지 않겠느냐는 언급을 한 바 있다고 소개하였다.[459] 앞서 제4부 12장에서 서술하였

---

457 《노동신문》조선의 핵무력은 절대로 포기할 수 없는 민족의 국보라고 강조", 《조선중앙통신》, 2015년 5월 20일.

458 북한 외무성 김계관 제1부상과 최선희 부상은 2018년 제1차 미·북 정상회담 개최가 논의되던 시점에 각각 담화를 발표하여 트럼프 행정부의 볼튼 국가안보보좌관과 펜스 부통령이 완전한 핵보유국인 북한을 고작 핵개발 초기 단계에 있던 리비아와 비교하는 어리석음을 비판하면서 북한은 결코 미국에 속아 비극적인 말로를 걸은 리비아와 같은 운명을 당하지 않을 것이라고 하였다. 다음을 보라. "조선외무성 제1부상 담화 발표", 《조선중앙통신》, 2018년 5월 16일, "조선민주주의인민공화국 외무성 최선희 부상 담화", 《조선중앙통신》, 2018년 5월 24일.

459 "[천영우의 외교안보 64] 비핵화협상 비화 7: 김계관이 밝힌 북한의 핵폐기 구상과 조건", YouTube video, 2020년 8월 29일.

듯이 2016년 5월 제7차 노동당 대회 때 김정은의 지시에 따라 북한의 재외공관장들이 모여 국제 사회에서 북한의 핵보유국 지위를 용인받기 위한 방안으로서 인도, 파키스탄 모델을 창의적으로 활용하는 것을 논의한 바 있다고 태영호가 소개하였다. 이러한 정황들은 북한 정권이 핵 무장력을 유지하면서도 국제 사회의 당당한 일원으로 대우받고 있는 인도 혹은 파키스탄 사례 또는 북한에 특화된 제3의 모델을 지향하고 있다는 속내를 드러낸 것이라고 판단해도 큰 무리는 아니다.

둘째, 북한의 실제 핵무기 개발 시점과 대외 선언 시점(2005년 2월 10일) 간에 분명한 간극이 존재한다는 사실이 확인 되었다. 이것은 북한 정권이 통상 알려진 것보다 훨씬 오래 전부터 핵무기 개발을 확고한 국가 노선으로 추진하였음을 짐작하게 한다. 말하자면, 북한은 자신의 필요와 시간표에 따라 핵무기 개발을 일관되게 추진하는 가운데 적절한 시점과 구실을 택하여 핵 보유를 대외에 공개하고 이를 기정사실화하는 전략을 구사한 것으로 볼 수 있다. 왜냐하면 앞서 살펴본 대로 북한은 2003년 1월 핵비확산조약(NPT)으로부터의 탈퇴를 선언하면서 핵무기를 만들 의사가 없다고 하였지만 최소한 1990년대에 이미 핵무기를 개발해 놓고 있었을 정황이 다수 확인되었기 때문이다. 만약 북한의 핵무기 개발 실제 시점이 1990년대라면 이는 북한이 NPT 탈퇴를 선언하기 이전 시기이므로 NPT의 비핵 의무를 정면으로 위반한 것이 된다. 결국 NPT 탈퇴 선언 당시 핵무기를 개발할 의사가 없었다는 북한의 주장은 거짓에 불과하고 단지 자신의 핵 개발을 베일에 가려 놓기 위한 철저히 계산된 행보였을 가능성이 농후하다.

셋째, 북한은 핵 개발 초기 단계에서부터 재처리프로그램뿐만 아니라 농축프로그램도 함께 추진하였을 가능성이 높다. 사실 국제 사회는 1980년대 말 또는 1990년대 초 제1차 북핵 위기가 불거지자 온 신경을 북한의 재처리프로그램에 쏟았고 1994년 제네바합의(AF)를 통해 북한의 핵 문제는 모두 다루어졌다고 생각했다. 그러나 북한 정권은 국제 사회를 철저하게 기만한 채 재처리프로그램과는 별도로 우라늄 농축프로그램을 은밀하게 추진하였다. 1992년 1월에는 한국과 '한반도의 비핵화에 관한 공동선언'을 통해 핵 재처리 시설뿐만 아니라 우라늄 농축 시설을 보유하지 않기로 공약까지 해 놓고서도 북한은 뒤로는 몰래 또 다른 핵무기의 길을 닦고 있었던 것이다.

북한은 2008년 12월 6자 회담이 중단되고 2009년 4월 자신의 장거리 미사일 발사에 대해 유엔 안전보장이사회가 제재를 부과하자 이에 대한 대응으로 농축프로그램에 착수하였다고 주장하였다. 그렇지만 북한은 이미 1990년대 또는 그 이전부터 플루토늄 경로(plutonium pathway)에 더하여 우라늄 경로(uranium pathway)를 비밀리에 진행한 다수의 정황이 확인되었다.

만약 국제 사회가 북한의 농축프로그램 활동을 조기에 탐지했더라면 초기 비핵화 협상의 양상은 상당히 다르게 전개되었을 것이다. 핵무기 확산 방지를 위한 국제적 노력에 있어서 비밀 핵활동을 적시에 탐지하여 실기하지 않고 대처하는 문제는 여전히 큰 도전으로 남아 있다.[460] 농축프로그램에 대한 북한 정권의 기만 행위와 6자 회담 과정

---

460 국제원자력기구(IAEA)는 90년대 초 이라크의 비밀 핵프로그램의 발견 및 북핵

에서 농축 문제가 어떻게 다루어졌는지에 대해서는 천영우 전 외교안보수석이 자신의 저서 『대통령의 외교안보 어젠다』에서 상세하게 소개하고 있다.[461]

넷째, 김정은 통치하에서 북한은 점점 더 비핵화에서 멀어지고 있고 핵무기 능력을 지속적으로 고도화하고 있다. 김정은 정권은 자신의 핵무기프로그램이 협상용이 아님을 분명히 하면서 핵을 절대 포기하지 않겠다는 입장을 굳히고 있다. 김정은이 2013년 3월 노동당 중앙위원회 전원회의 등 여러 계기에 밝혔듯이, 북한 정권에게 핵무기는 김일성-김정일-김정은 3대에 걸쳐 모든 것을 바쳐 이룩한 민족사적인 업적이고 국가의 근간이자 위상이며 김씨 왕조의 안전을 지켜줄 가장 확실한 보장책이자 보검이기 때문에 북한은 핵무기를 영구적으로 유지하고자 한다. 북한의 이러한 핵 불포기 및 비핵화 협상 불가 입장은 비핵화가 김일성 주석의 유훈이며 북한의 궁극적인 목표라는 종전 주장을 사실상 뒤집은 것이다. 핵무기를 김씨 왕조의 최대 업적이라고 내세우면서 동시에 김일성의 비핵화 유언을 받들겠다고 하는 것은 자가당착이다.

북한은 평화체제 논의에 앞서 비핵화를 진전시키고자 한 6자 회담을 실패라고 규정하면서 9.19 공동성명에서 합의한 핵무기 포기 공약을

위기 발발 등으로 인하여 기존의 핵 사찰·검증 체제의 미비점이 드러나자, 1993년부터 수년간의 연구와 논의를 거쳐 1997년 5월 국가 신고 의무의 확대와 IAEA 사찰 권능의 강화를 골자로 하는 IAEA 추가의정서(Additional Protocol)를 채택하였다.

461   천영우, 『대통령의 외교안보 어젠다: 한반도 운명 바꿀 5대 과제』(박영사, 2022), p. 17-25.

철회하였다. 또한 김정은은 2018년 4월, 5월, 9월의 남-북 정상회담과 2018년 6월 싱가포르와 2019년 2월 하노이에서의 미-북 정상회담 과정에서 표명하였던 비핵화 공약에서도 발을 뺐다. 물론 북한은 비핵화에 관한 자신의 약속 위반이나 입장 번복 행위를 인정하지 않는다. 오히려 김일성의 비핵화 유언은 단 한 번도 북한만의 핵 포기였던 적은 없고 시종일관 한반도 전역과 미국의 비핵화까지를 포함하는 것이라고 강변한다. 북한은 한때 미국의 대북 불가침 공약과 미-북 관계정상화가 이루어지면 핵무기를 포기할 수 있는 것처럼 하였으나 지금에 와서는 그것들이 결코 자신들의 핵 보유에 우선할 수 없다는 입장을 보이고 있다.[462]

물론 북한 김정은 정권이 비핵화에서 점점 멀어지는 입장을 취하고 있다고 해서 북한 비핵화가 불가능하다거나 비핵화 협상이 그 운명을 다했다는 의미는 결코 아니다. 북한 정권은 제네바합의(AF) 협상, 6자 회담, 미-북 정상회담, 남-북 정상회담 등 협상을 계속해 왔고, 협상의 시점, 구도, 원칙, 합의 사항의 순서와 시간표 등 자신의 전략

---

[462] 2016년 7월 한국으로 망명한 북한의 고위 탈북 외교관이 들려주는 이야기들은 우리로 하여금 북한 정권의 비핵화에 관한 입장에 대해 생각하게 해 준다. 이 탈북 외교관의 주장은 다음과 같이 요약할 수 있다. (1) 김정은 정권과 핵무기는 동일하기 때문에 북한은 1조 달러, 10조 달러를 준다고 해도 절대로 핵무기를 포기하지 않을 것이다. (2) 북한의 핵무기프로그램을 폐기시키는 문제는 인센티브의 질과 양과는 전혀 관계가 없다. (3) 김일성, 김정일 때에도 핵개발을 중단해 본 적이 없고, 조선반도의 비핵화는 기만전술이며 핵무력-경제건설 병진노선도 실상은 핵 최우선 정책이다. (4) 북한의 전략은 빨리 핵 개발을 완성하여 핵보유국 지위에서 미국 및 한국과 자신이 원하는 대화를 하는 것이다. (5) 북한이 한국을 대상으로 핵무기를 사용하지 않을 것이라고 생각하는 것은 매우 안이한 태도이다.

을 마련해 두고 있을 것이기 때문에 앞으로도 비핵화 협상이 개최될 개연성은 낮지 않다. 다만, 향후 협상과 관련 북한이 규정할 협상의 성격과 자신들이 끌고 나가고자 하는 협상의 방향은 예전과는 자못 다를 것으로 예상된다.

다섯째, 북한은 2013년 2월 제3차 핵실험 이후부터 전쟁 억지 전략으로서뿐만 아니라 전쟁 수행 전략에 있어서도 핵무기의 중추적 역할을 강조하기 시작했고 전술핵무기 사용을 상정한 모의 군사 훈련도 계속 실시하고 있다. 북한의 핵 교리가 미국에 대한 핵 반격 능력을 확보하는 것뿐만 아니라 한국에 대한 공세적 능력 강화를 위해 전술핵무기 전력도 발전시키는 방향으로 나아가고 있는 것으로 보인다. 북한이 운용 가능한 핵무기 전력을 갖추었는지, 그리고 어떠한 핵 운용 전략을 가동할지는 가늠하기가 쉽지는 않고 여러 전문가들의 의견이 제시되고 있다.[463][464][465] 그렇지만, 우려되는 점은 핵무기에 대한 북

---

463 고트니(Gortney) 前 미 북미항공방위사령관은 북한이 핵무기를 대륙간탄도미사일에 탑재하여 미 본토까지 발사할 수 있는 능력을 갖고 있다고 본다면서 이는 미 정보당국의 평가에 근거한다고 하였다. 다음을 보라. U.S. Department of Defense, "Department of Defense Press Briefing by Admiral Gortney in the Pentagon Briefing Room", 7 April 2015.

464 클래퍼(Clapper) 前 미 국가정보국장은 2015년 2월 26일 미 상원 군사위원회 청문회에서 북한의 핵무기 사용 위협에 대해 언급하면서 미국은 평양의 핵 독트린 또는 운용 개념의 상세에 대하여 알지 못한다고 증언하였다. 다음을 보라. Office of Director of the National Intelligence, "Statement for the Record Worldwide Threat Assessment of the U.S. Intelligence Community, Senate Armed Services Committee, James R. Clapper, Director of National Intelligence", 26 February 2015.

465 2006년부터 2008년까지 북한에서 영국 대사를 지낸 에버라드(Everard)는 그의

한의 의존성은 나날이 커지고 있다는 것이다. 이것은 북한이 장래 잠재적 긴장 상황이 발생하였을 때 도발의 유혹, 비합리적인 판단, 오산과 착오 등에 점점 더 취약할 수 있다는 것을 의미하기 때문이다.

물론 핵무기 능력과 핵 정책과 관련한 북한의 주장을 액면 그대로 받아들일 이유는 없다. 그 주장의 상당 부분은 허장성세이거나, 위협 수사 또는 전략적 기만일 수가 있다. 그렇다고 하더라도 다음 한 가지 사실은 분명하다. 즉, 시간이 지날수록 북한은 자신이 공언한 대로 필요하다고 생각하는 만큼 핵무기 수를 늘려갈 것이고, 북한의 전반적인 핵 능력은 점점 고도화될 것이라는 점이다. 만약 북한이 작동 가능한 핵무기 체계를 완성하고 이것의 실전 배치가 현실화되면 한반도와 동북아의 안보 지형은 지금까지와는 질적으로 다른 차원의 도전에 직면할 것이다. 또한, 그렇게 되면 2024년 기준으로 태동한 지 54년이 된 핵비확산조약(NPT) 체제의 신뢰성과 실효성에도 적지 않은 손상이 초래될 것이다.

김정은 정권이 핵을 포기하지 않겠다는 뜻을 점차 굳혀가고 있고 핵 능력을 나날이 확장해 감에 따라 전문가들은 북한이 지향하는 핵 전략의 목적과 성격이 무엇일지에 대하여 다양한 각도에서 분석하고

책 마지막 결론 부분에서 "북한이 핵 야망을 달성할 심각한 위험이 있고 … 북한을 둘러싼 문제들은 … 핵무기의 실제적인 사용으로 이어질 가능성이 있다."고 경고하였다. 다음을 보라. John Everard, 『Only Beautiful, Please: A British Diplomat in North Korea』(Stanford University, CA: The Walter H. Shorenstein Asia-Pacific Research Center, 2012), p. 240. 이 책의 한국어 번역판은 이재만 (역), 『영국 외교관, 평양에서 보낸 900일』(서울: 책과함께, 2012) 참조.

있다.[466][467][468] 북한이 지금까지 선언한 핵 정책과 실제적인 북한의 핵 능력과 핵 운용 독트린 간에는 간극이 있을 수 있으므로 북한 핵 정책에 대한 분석은 신중해야 하고, 그러한 간극이 존재하는지와 간극의 실체는 무엇인지는 앞으로 확인되고, 검증되어야 할 사안이다. 그리고 앞으로 북한이 핵과 관련하여 어떠한 행보를 보일지도 지켜보아야 한다.

이상 살펴본 북한 정권의 핵 노선과 관련한 다섯 가지의 시사점은 북한 핵문제의 심각성을 말해 준다. 1993년 북핵 위기가 불거진 후 30

466 버뮤데즈(Bermudez) AllSource Analysis 수석분석관은 북한의 핵무기 전략이 '미국에 대항하는 정치적 무기로부터 침략 세력의 격퇴를 위한 전략적 방어 무기의 성격을 거쳐 전쟁 수행과 관련한 다양한 전략적, 전술적 상황하에서의 실제적 사용을 상정하는 전략으로 변화하는 경우, 미국의 확장 억지력이 손상되고 역내 불안정성이 높아질 우려가 있다.'고 지적한다. 다음을 보라. Joseph S. Bermudez Jr., 「North Korea's Development of a Nuclear Weapons Strategy」, 38 North, 3 August 2015.

467 통일연구원이 2010년 12월 발간한 「북한 핵 보유 고수 전략의 도전과 대응」 보고서는 북한이 모호성에 기초한 '생존적 핵 억지(existential deterrence)' 전략으로부터 '최소 핵 억지(minimum deterrence)' 전략으로 옮겨 가는 과정에 있다고 평가하였다. 다음을 보라. 박형중·임강택·전성훈·황병덕·신상진·임을출·차문석·최강, 「북한 핵 보유 고수 전략의 도전과 대응」, 통일연구원 KINU 연구총서 10-01, 2010년 12월.

468 빅터 차(Victor Cha) 교수는 북한 핵무기의 목적이 체제 생존을 위한 방어적 성격의 억지 수단, 즉 '방패(shields)'일 수도 있고, 아니면 한반도에 대한 미국의 접근을 거부시키기 위한 공격적 성격의 전쟁 수행 전략, 즉 '검(swords)'일 수도 있다고 분석한다. 그는 만약 전자의 경우라면 비핵화를 위한 외교적 관여가 그나마 작동할 수 있겠지만 후자의 경우라면 그러한 관여가 쉽지 않을 것이라고 하였다. 다음을 보라. Victor D. Cha, 「Badges, Shields or Sword?: North Korea's WMD Threat」, Political Science Quarterly 117. 2(Summer 2002), p. 209-230.

년 이상을 지나면서 우리에게 드러난 엄연한 현실은-좀 과장되게 이 야기해서- 핵무기를 자신과 동일시하는 '핵아일체(核我一體)'로서의 북한이다. 핵무기 보유라는 일차 목표를 달성한 북한 정권은 이제 앞으로 장롄구이 중국 중앙당교 국제전략연구소 교수가 지적한 것처럼 국제 사회를 상대로 북한 핵무기 무해론, 제재 무용론, 비핵화 패배론을 설파하면서 '핵무장한 북한과 함께 살아가는(living with nuclear-armed North Korea)' 것을 기정사실로 받아들이게 만드는 전략을 구사해 나갈 것으로 보인다. 국제 질서는 항상 변하는 것이니 긴 호흡을 갖고 투쟁하다 보면 본인들이 운신할 기회가 올 것이라고 믿으면서 말이다. 그리고 김정은이 2021년 제8차 당 대회에서 핵전쟁 억제력 강화를 위한 5개년 계획을 제시했기 때문에 최소한 2026년까지는 북한의 핵무장력 강화를 위한 다양한 추가 도발들을 국제 사회가 목도할 가능성이 농후하다. 물론 그 중간에 협상 국면이 전개될 수도 있다. 아무튼 북한 핵 문제는 우리가 생각하는 것보다 훨씬 더 엄중해지고 있다.

나가는 말

━━━

　책을 마무리하면서 필자가 외교부 경력의 17년 이상을 군축비확산 업무에 종사할 수 있도록 기회를 준 외교부에 감사를 전하고 싶다. 그 같은 기회, 특히 국제원자력기구(IAEA)로 파견을 갈 기회가 없었다면 이 책을 쓸 엄두조차 내지 못했을 것이다. 필자가 외교부 군축비확산 업무에 발을 디딘 것은 1999년 2월에 군축원자력과에 배치되었을 때이다. 외교부에 들어간 지 1년 6개월이 지나서이다. 1999년 2월 당시 군축원자력과는 만 다섯 살밖에 되지 않은 어린아이였다. 1994년 4월 외교부 조직 개편을 통해 국제연합국 산하 독립된 과가 되었으니 말이다.

　그전까지 군축원자력 업무는 자원협력과, 과학환경과, 안보정책과 등에 흩어져 있었다. 10년이 지난 2004년에 군축원자력과는 군축비확산과로 명칭이 변경되었고 2005년 10월에 드디어 국으로 승격이 되었다. 과에서 국으로 되기까지 21년 6개월이 걸린 셈이다. 참으로 의미 있는 결과이다. 외교부 내에서 군축비확산 업무 조직이 이렇게 성장하는 데에는 여러 선배들의 노력이 있었다. 그분들의 인식은 같았다고 본다. 그것은 대한민국에 있어서 군축비확산 이슈는 세계 평화를 위한 담론뿐만 아니라 엄혹한 한반도의 안보 현실을 헤쳐 나가는 데 있어서 주요한 외교정책 수단 중 하나라는 인식이다. 군축비확산의 이슈는 우리의 안보와 밀접하게 관련되어 있다는 인식이다. 그렇기 때문에 외교부 내에 관련 조직 인프라가 튼튼해져야 하고 그를 통해 다른 어느 나라에도 뒤지지 않은 우리 외교관들의 군축비확산 외교 역량을 제고해야 한다는 인식이다.

군축비확산 이슈는 생각보다 우리 가까이에 있다. 북한 핵 문제로 인해 핵비확산조약(NPT)은 우리에게 익숙한 주제이다. 포괄적핵실험금지조약(CTBT: Comprehensive Test Ban Treaty)은 또 어떤가? 북한은 21세기 들어 유일하게 핵실험을 한 나라이다. 우리에게 국제원자력기구(IAEA: International Atomic Energy Agency)는 그저 수많은 국제기구의 하나에 불과한 것이 아니다. 북한 핵 문제는 1992년 이후 2024년 현재까지 32년째 IAEA 이사회 및 총회의 의제이다. IAEA의 최장기 비확산 관련 의제 중 하나가 아닐까 싶다. IAEA는 또한 우리나라 원자력 발전의 과거, 현재, 미래와도 직결된 기구이다.

미사일, 생화학 무기 이슈 역시 우리의 안보와 직결되어 있다. 그래서 미사일의 전 세계적인 불법 확산 방지를 위한 미사일기술통제체제(MTCR: Missile Technology Control Regime)와 생물무기금지협약(BWC), 화학무기금지협약(CWC)도 중요하다. 제재(sanction)와 수출통제(export control)는 어떤가? 2006년 10월 북한이 첫 핵실험을 한 이후 유엔 안전보장이사회는 10여 건에 달하는 제재 결의를 채택하였다. 수출통제도 냉전 시절부터 세계 안보의 주요한 수단으로 진화를 거듭해 오고 있다. 인공지능(AI), 양자컴퓨팅, 드론 등 새로운 기술이 등장할 때마다 국가 간에 이들 기술에 대한 규율을 어떻게 할지 치열한 외교전이 벌어진다. 우리 정부가 2012년 정상회의를 개최하기도 한 핵안보(nuclear security)는 민감한 핵물질과 기술이 테러 목적에 이용되지 못하도록 하는 국제적 협력 노력이다. 최근 들어 국내에서 관심이 높아지고 있는 우주 문제도 냉전시기 미국과 구소련 사이의 우주의 군사화 방지 논의에서 비롯된 바가 크다.

이렇게 의미 있는 분야에서 필자는 군축비확산과 사무관, 차석, 군축비확산국 심의관과 국장, 그리고 우주안보에 관한 유엔 정부전문가 그룹 우리나라 대표, 핵안보정상회의 부교섭대표 등으로 일할 기회를 누렸으니 그저 감사할 따름이다. 앞으로 외교부의 젊은 후배들이 군축비확산 외교를 더욱 발전시킬 것으로 필자는 확신한다.

끝으로 사랑하는 나의 아내와 딸에게 고마움을 전한다. 작고하신 나의 사랑하는 아버지와 어머니, 물심양면으로 필자를 응원해 주고 계신 장인, 장모님, 그리고 나의 형제자매들에게도 감사를 드린다.

북한 핵담론 따라잡기

ⓒ 박일, 2024

초판 1쇄 발행 2024년 8월 30일

지은이	박일
펴낸이	이기봉
편집	좋은땅 편집팀
펴낸곳	도서출판 좋은땅
주소	서울특별시 마포구 양화로12길 26 지월드빌딩 (서교동 395-7)
전화	02)374-8616~7
팩스	02)374-8614
이메일	gworldbook@naver.com
홈페이지	www.g-world.co.kr

ISBN 979-11-388-3481-0 (03340)